AUTOSUGESTIÓN CONSCIENTE PARA EL DOMINIO PROPIO

EMILE COUÉ

BIBLIOTECA DEL ÉXITO # 148

TITULO EN INGLÉS
SELF MASTERY THROUGH CONSCIOUS AUTOSUGGESTION

®2019 THE SUCCESS AND PROSPERITY LIBRARY

Este libro es parte de la serie **BIBLIOTECA DEL ÉXITO** de la TIMELESS WISDOM COLLECTION, publicada en español por THE SUCCESS AND PROSPERITY LIBRARY, clásicos mundiales de autoayuda y superación. Derechos Reservados. Ninguna parte de este libro puede ser condensado o reproducido sin permiso escrito del editor.

THESUCCESSANDPROSPERITYLIBRARY@GMAIL.COM

CONTENIDOS

INTRODUCCIÓN 1

CAPÍTULO 1. EL YO CONSCIENTE Y EL YO INCONSCIENTE 2

CAPITULO 2: VOLUNTAD E IMAGINACIÓN 4

CAPÍTULO 3: SUGESTIÓN Y AUTOSUGESTIÓN 8

CAPÍTULO 4: la UTILIZACIÓN DE LA AUTOSUGESIÓN 10

CAPÍTULO 5: CÓMO ENSEÑAR A LOS PACIENTES A PRACTICAR LA AUTOSUGESTIÓN 15

CAPÍTULO 6: MÉTODO DE PROCEDIMIENTO EN SUGESTIÓN CURATIVA 20

CAPÍTULO 7: LA SUPERIORIDAD DE ESTE MÉTODO 26

CAPÍTULO 8: COMO FUNCIONA LA SUGESTIÓN .. 29

cAPÍTULO 9: EL USO DE LA SUGESTIÓN PARA CURAR PADECIMIENTOS MORALES Y TARAS SEAN CONGÉNITAS O ADQUIRIDAS 31

CAPÍTULO 10: UNAS CUANTAS CURACIONES TÍPICAS 34

CONCLUSIÓN 41

PENSAMIENTOS Y PRECEPTOS DE EMILE COUÉ 42

OBSERVACIONES SOBRE LO QUE PUEDE HACER LA AUTOSUGESIÓN 48

LA EDUCACIÓN COMO DEBERÍA SER. 56

CÓMO SON LAS "SESIONES" EN EL CONSULTORIO DEL SEÑOR COUÉ 62

EXTRACTOS DE CARTAS DIRIGIDAS AL SEÑOR COUÉ...71
FRAGMENTOS DE CARTAS Dirigidas a Emile Leon, discípula del señor Coué. 80
EXTRACTOS DE LAS CARTAS DIRIGIDAS A LA SEÑORITA KAUFMANT, DISCÍPULA DEL SEÑOR COUÉ 83
EL MILAGRO INTERIOR 88
ALGUNAS NOTAS SOBRE EL VIAJE DEL SEÑOR COUÉ A PARÍS EN OCTUBRE DE 1919.........................94
MÁS TESTIMONIOS: 97
"TODO PARA TODOS" 99
MÁS CASOS 103

INTRODUCCIÓN

La sugestión, o más bien la autosugestión, es un tema bastante nuevo, pero al mismo tiempo es tan antiguo como el mundo. Es nuevo en el sentido de que hasta ahora ha sido mal estudiado y, en consecuencia, mal entendido; es viejo porque data de la aparición del hombre en la tierra.

De hecho, la autosugestión es un instrumento que poseemos al nacer, y en este instrumento, o más bien en esta fuerza, reside un poder maravilloso e incalculable, que según las circunstancias produce los mejores o los peores resultados.

El conocimiento de este PODER, de esta fuerza, es útil para cada uno de nosotros, pero es particularmente indispensable para los médicos, los magistrados, los abogados y los que trabajan en la educación.

Al saber cómo practicarlo conscientemente es posible, en primer lugar, evitar provocar en otros malas autosugestiones, que pueden tener consecuencias desastrosas; y en segundo lugar, permite provocar conscientemente buenas autosugestiones, dando así salud física a los enfermos y salud moral a los neuróticos y errantes, --víctimas inconscientes de autosugestiones anteriores--; y guiar en el camino correcto a aquellos con tendencias a tomar el equivocado.

CAPÍTULO 1. EL YO CONSCIENTE Y EL YO INCONSCIENTE

Para comprender correctamente el fenómeno de la sugestión, o para hablar más correctamente de la autosugestión, es necesario saber que existen dos seres absolutamente distintos dentro de nosotros. Ambos son inteligentes, pero mientras uno está consciente, el otro está inconsciente. Por este motivo la existencia de este último generalmente no es notada. Sin embargo, es fácil probar su existencia si uno simplemente se toma la molestia de examinar ciertos fenómenos y reflexionar unos momentos sobre ellos.

Sobre el particular veamos los siguientes ejemplos:

Todos han oído hablar del sonambulismo; todos saben que un sonámbulo se levanta por la noche sin despertarse, sale de su habitación después de vestirse --o no--, baja las escaleras, camina por los pasillos y, después de haber ejecutado ciertos actos o realizado ciertos trabajos, vuelve a su habitación y se va de nuevo a la cama, y muestra al día siguiente el mayor asombro al encontrar terminado un trabajo que había dejado sin terminar el día anterior. Sin embargo, es él mismo quien lo ha hecho sin ser consciente de ello. ¿A qué fuerza ha obedecido su cuerpo si no es a una fuerza inconsciente, de hecho, su ser inconsciente?

Examinemos ahora, por desgracia, el caso demasiado frecuente de un borracho atacado por *delirium tremens*. Como si la locura se hubiese apoderado de él, toma el arma, el cuchillo, el martillo o el hacha más cercanos, según sea el caso, y golpea con furia a aquellos que tienen la mala suerte de estar cerca de él. Una vez que el ataque ha terminado, recupera sus sentidos y contempla con horror la escena de la matanza a su alrededor, sin darse cuenta de que él mismo es el autor de la misma. De nuevo, ¿no es el yo inconsciente el que ha causado que el infeliz actúe de esta manera? (Y qué aversiones, qué males nos creamos, cada uno de nosotros y en cada dominio, al no poner en juego "inmediatamente" "*buenas autosugestiones conscientes*" en contra de nuestras "*malas autosugestiones inconscientes*", provocando así la desaparición de todo sufrimiento injusto.)

Si comparamos el yo consciente con el yo inconsciente, vemos que el consciente a menudo posee una memoria muy poco confiable, mientras que el yo inconsciente por el contrario está provisto de una memoria maravillosa e impecable que registra sin nuestro conocimiento los más pequeños eventos, los menos importantes actos de nuestra existencia.

Además, ***es crédulo y acepta con docilidad irracional lo que se dice***.

Por lo tanto, dado que el inconsciente es el responsable del funcionamiento de todos nuestros órganos, y es intermediario del cerebro, se produce un resultado que puede parecer bastante paradójico: este es, que si cree que un determinado órgano funciona bien o mal, o que sentimos tal o cual impresión, el órgano en cuestión funciona bien o mal, o sentimos esa impresión.

El inconsciente no solo preside las funciones de nuestro organismo, sino también todas nuestras acciones, cualesquiera que sean.

Esto es lo que llamamos **imaginación**, y es lo que, contrariamente a la opinión aceptada, siempre nos hace actuar incluso, y, sobre todo, contra nuestra voluntad cuando existe un antagonismo entre estas dos fuerzas.

CAPITULO 2:
VOLUNTAD E IMAGINACIÓN

Si abrimos un diccionario y buscamos la palabra "voluntad", encontramos esta definición: *"La facultad de determinar libremente ciertos actos"*.

Aceptamos esta definición como verdadera y libre de cuestionamiento, aunque nada podría ser más falso. Esta voluntad que tan orgullosamente reclamamos, siempre cede a la imaginación. Es una regla absoluta que no admite excepción.

"¡Blasfemia! ¡Paradoja!" exclamarás.

"¡Para nada! Por el contrario, es la verdad más pura," responderé.

Para convencerte de ello, abre los ojos, mira a tu alrededor y trata de entender lo que ves. Luego llegarás a la conclusión de que lo que digo no es una teoría ociosa salida de un cerebro enfermo, sino la simple expresión de un hecho.

Supongamos que colocamos en el suelo una tabla de 30 pies de largo por un pie de ancho. Es evidente que todos serían capaces de ir de un extremo al otro de esta tabla sin pasar por el borde. Pero si cambiamos las condiciones del experimento, e imaginamos la tabla colocada a la altura de las torres de una catedral. ¿Quién sería capaz de avanzar incluso unos pocos pies a lo largo de este camino estrecho? ¿Podrías escucharme hablar? Probablemente no. Antes de haber dado dos pasos, comenzarías a temblar y, a pesar de todos los esfuerzos de tu voluntad, estarías seguro de caer al suelo.

Entonces, ¿por qué no caerías si la tabla estuviese en el suelo, y por qué deberías caer si estuviese a gran altura del suelo? Simplemente porque en el primer caso imaginas que es fácil llegar al final de la tabla, mientras que en el segundo caso imaginas que no puedes hacerlo.

Observa que tu voluntad es impotente para hacerte avanzar: si imaginas que no puedes, es absolutamente imposible que lo hagas.

Si los que colocan techos y los carpinteros pueden lograr esta hazaña, es porque piensan que pueden hacerlo. El vértigo es causado enteramente por la imagen que dibujamos en nuestra mente de que vamos a caer. Esta imagen se transforma de inmediato en un hecho, a pesar de todos los esfuerzos de nuestra voluntad, y cuanto más violentos son estos esfuerzos, más rápido es lo opuesto al resultado deseado.

Consideremos ahora el caso de una persona que sufre de insomnio. Si no hace ningún esfuerzo por dormir, se acostará tranquilamente en la cama. Si, por el contrario, intenta forzarse a dormir por medio de su voluntad, cuanto más se esfuerza, más inquieto se pone.

¿No te has dado cuenta de que cuanto más intentas recordar el nombre de una persona que has olvidado, más te elude? Pero si sustituyes la idea en tu mente " lo recordaré en un minuto" por la idea "lo he olvidado ", el nombre "vuelve" a ti por su propia cuenta y sin el menor esfuerzo,

Si eres ciclista, quiero que recuerdes los días en que estabas aprendiendo a montar. Ibas aferrado a los manillares, con miedo de caer. De repente, al vislumbrar un pequeño obstáculo en el camino, trataste de evitarlo, y mientras más esfuerzos realizaste para lograrlo, más seguramente te precipitaste sobre él.

¿Quién no ha sufrido de un ataque de risa incontrolable, que estalla más violentamente cuanto más se intenta controlarlo?

¿Cuál fue el estado de ánimo de cada persona en estas diferentes circunstancias?

"No quiero caer, pero no puedo evitar hacerlo";

"Quiero dormir pero no puedo";

"Quiero recordar el nombre de la Sra. Tal y Tal, pero no puedo";

"Quiero evitar el obstáculo, pero no puedo";

"Quiero dejar de reírme, pero no puedo".

Como puedes ver, en cada uno de estos conflictos siempre es la imaginación, sin excepción alguna, la que obtiene la victoria sobre la voluntad.

Al mismo orden de ideas pertenece el caso del líder que se coloca a la cabeza de sus tropas y las guía tras de sí al ataque y la victoria; mientras que, por otro lado, el grito "¡Sálvese quien pueda!" es casi seguro que provocará una derrota. ¿Por qué sucede esto? Sucede porque en el primer caso los hombres se imaginan que deben avanzar, y en el segundo se imaginan que han sido conquistados y deben huir para salvar sus vidas.

Panurge era bastante consciente del contagio del ejemplo, es decir, de la acción de la imaginación, cuando, para vengarse de un comerciante que iba a bordo del mismo barco, compró su oveja más grande y la arrojó al mar, con la certeza de que todo el rebaño la seguiría, lo que efectivamente sucedió.

Nosotros, los seres humanos, tenemos cierta semejanza con las ovejas, e involuntariamente, somos impulsadas de forma irresistible a seguir los ejemplos de otras personas, imaginando que no podemos hacer lo contrario.

Podría citar otros mil ejemplos, pero temo que te aburriría con semejante enumeración. Sin embargo, no puedo dejar de mencionar este hecho que muestra el enorme poder de la imaginación, o en otras palabras del inconsciente en su lucha contra la voluntad.

Hay ciertos borrachos que desean dejar de beber, pero que no pueden hacerlo. Pregúnteles, y ellos le responderán con toda sinceridad que desean estar sobrios, que beber les disgusta, pero que están impelidos irresistiblemente a beber contra su voluntad, a pesar del daño que saben que les causa.

De la misma manera, algunos criminales cometen delitos a pesar de sí mismos, y cuando se les pregunta por qué actuaron así, responden: "No pude evitarlo, algo me impulsó, era más fuerte que yo".

El borracho y el criminal dicen la verdad: se ven obligados a hacer lo que hacen, por la sencilla razón de que imaginan que no pueden evitar hacerlo.

Por lo tanto, los que estamos tan orgullosos de nuestra voluntad, que creemos que somos libres de actuar como nos gusta, en realidad no somos más que miserables títeres de la imaginación, que mueve todas las cuerdas. Solo dejamos de ser títeres cuando aprendemos a guiar nuestra imaginación.

CAPÍTULO 3:
SUGESTIÓN Y AUTOSUGESTIÓN

De acuerdo con los comentarios anteriores, podemos comparar la imaginación con un torrente que arrastra fatalmente al pobre desgraciado que ha caído en él, a pesar de sus esfuerzos por llegar a la orilla.

Este torrente parece indomable; pero, si uno sabe cómo, puede desviarlo de su curso y conducirlo a la fábrica, y allí puede transformar su fuerza en movimiento, calor y electricidad.

Si este símil no es suficiente, podemos comparar la imaginación, --a la que se ha llamado "la loca de la casa", --, con un caballo sin domar que no tiene brida ni rienda. ¿Qué puede hacer el jinete, excepto dejarse llevar a donde el caballo desee llevarlo? Y a menudo si este último escapa, su loca carrera solo termina en la zanja.

Sin embargo, si el jinete logra ponerle una brida, los papeles se invierten. Ya no es el caballo el que va a donde quiere, es el jinete quien obliga al caballo a llevarlo a donde quiera ir.

Ahora que hemos aprendido a comprender el enorme poder del ser inconsciente o imaginativo, voy a mostrar cómo este yo, hasta ahora considerado indomable, puede ser controlado tan fácilmente como un torrente o un indómito caballo.

Pero antes de seguir adelante, es necesario definir cuidadosamente dos palabras que a menudo se usan sin que se entiendan adecuadamente.

Estas son las palabras ***sugestión y autosugestión***.

¿Qué es entonces la ***sugestión***?

Puede definirse como "el acto de imponer una idea en el cerebro de otro". ¿Existe realmente esta acción? Hablando propiamente, no. La sugestión no existe por sí misma. No existe y no puede existir excepto en la condición *sine qua non* de que se transforme en **autosugestión** en el sujeto.

Autosugestión, entonces, se puede definir como *"la implantación de una idea en uno mismo por uno mismo"*.

Puedes hacer una sugestión a alguien; pero si el inconsciente de este último no acepta la sugestión, si no la digiere, por así decirlo, para transformarla en autosugestión, no produce ningún resultado.

Ocasionalmente yo mismo he hecho una sugestión más o menos común a sujetos normalmente muy obedientes, y no he tenido éxito. La razón es que el inconsciente del sujeto se negó a aceptarla y no la transformó en autosugestión.

CAPÍTULO 4: LA UTILIZACIÓN DE LA AUTOSUGESIÓN.

Volvamos ahora al punto donde dije que podemos controlar y dirigir nuestra imaginación, al igual que un torrente o un caballo indómito pueden ser controlados.

Para hacerlo, es suficiente, en primer lugar, saber que esto es posible (lo cual casi todo el mundo ignora) y, segundo, saber por qué medio se puede hacer.

El medio es muy simple: lo hemos usado todos los días desde que vinimos al mundo, sin desearlo ni saberlo, y de manera absolutamente inconsciente. Desafortunadamente a menudo lo usamos incorrectamente y en nuestro propio detrimento. *El medio es la autosugestión.*

Constantemente nos damos autosugestiones inconscientes; entonces, todo lo que tenemos que hacer es darnos autosugestiones conscientes.

El proceso consiste, primero, en sopesar cuidadosamente en la mente las cosas que serán objeto de la autosugestión; y luego, según se requieran la respuesta "sí" o "no", repetir varias veces sin pensar en otra cosa: "Esto viene", o "Esto se va" o "desaparece"; "esto sucederá, o no sucederá, etc., etc..." (Por supuesto, el asunto debe estar en nuestro poder.)

Si el inconsciente acepta esta sugestión y la transforma en autosugestión, la cosa o cosas se realizan en cada detalle.

Así entendido, la autosugestión, según la veo, no es más que hipnotismo, y lo definiría con estas simples palabras: La influencia de la imaginación sobre el ser moral y físico de la humanidad.

Ahora esta influencia es innegable, y sin volver a los ejemplos anteriores, citaré algunos otros.

Si te persuades de que puedes hacer una determinada cosa, siempre que esta sea posible, la harás, por difícil que sea. Si por el contrario imaginas que no puedes hacer la cosa más simple del mundo, es imposible que la hagas, y las colinas de arena se convierten para ti en montañas que no se pueden escalar.

Tal es el caso de los neurasténicos, quienes, creyéndose incapaces de hacer el menor esfuerzo, a menudo encuentran imposible incluso caminar unos pocos pasos sin agotarse. Y estos mismos neurasténicos se hunden más profundamente en su depresión, mientras más esfuerzos hacen para deshacerse de ella, como el pobre desgraciado en las arenas movedizas que se hunde más cuanto más intenta luchar.

De la misma manera, es suficiente pensar que cierto dolor "se va", para sentirlo desaparecer poco a poco; e inversamente, es suficiente pensar que uno lo sufre para sentir que el dolor comienza a aparecer de inmediato.

Conozco a ciertas personas que predicen de antemano que tendrán un terrible dolor de cabeza en un día determinado, en ciertas circunstancias; así, ese día, en las circunstancias dadas, seguramente lo sienten. Atraen la enfermedad sobre sí mismos, al igual que otros la curan por medio de la autosugestión consciente.

Sé que, en general, uno pasa por loco ante los ojos del mundo si se atreve a presentar ideas que la gente no está acostumbrada a escuchar.

Bueno, a riesgo de que se me tome por loco, digo que *si ciertas personas están enfermas mental y físicamente, es porque se imaginan que están enfermas mental o físicamente*. Si algunos otros son paralíticos sin tener ninguna lesión que lo justifique, es porque se imaginan paralizados, y es entre esas personas que se producen las curas más extraordinarias. Si los demás son felices o infelices, es porque se imaginan que lo son, porque es posible que dos personas en exactamente las mismas circunstancias, una sea perfectamente feliz y la otra completamente desdichada.

La neurastenia, el tartamudeo, las aversiones, la cleptomanía, ciertos casos de parálisis, no son más que el resultado de la autosugestión inconsciente, es decir, el resultado de la acción del inconsciente sobre el ser físico y moral.

Ahora bien, si **nuestro inconsciente** es la fuente de muchos de nuestros males, **también puede curar nuestras dolencias físicas y mentales.** No solo puede reparar el mal que ha hecho, sino también curar enfermedades reales, por lo fuerte que es su acción sobre nuestro organismo.

Enciérrate solo en una habitación, siéntate en un sillón, cierra los ojos para evitar cualquier distracción y concentra tu mente por unos momentos en pensar: "Tal y tal cosa va a desaparecer", o "Tal y tal cosa está sucediendo".

Si realmente has realizado la autosugestión, es decir, si tu inconsciente ha asimilado la idea que le has presentado, te sorprenderá ver que lo que has pensado sucederá. (Ten en cuenta que las ideas auto-sugeridas tienen la propiedad de existir dentro de nosotros sin ser reconocidas, y solo podemos saber de su existencia por el efecto que producen).

Ahora, sobre todo, y este es un punto esencial, la voluntad no debe ponerse en juego en la práctica de la autosugestión; porque, si la voluntad no está de acuerdo con la imaginación, si uno piensa: "Haré que eso suceda", y la imaginación dice: "Lo quieres, pero no va a suceder", no solo no se obtiene lo que se quiere, sino que incluso se produce exactamente lo contrario.

Este comentario es de capital importancia y explica por qué los resultados son tan insatisfactorios cuando, al tratar padecimientos morales, uno se esfuerza por reeducar la voluntad. Lo que es necesario es entrenar la imaginación, y es gracias a este matiz de diferencia que mi método a menudo ha tenido éxito donde otros, --y no los menos estimados-- han fracasado.

De los numerosos experimentos que he realizado diariamente durante veinte años, los cuales he examinado minuciosamente, he podido deducir las siguientes conclusiones que he resumido como leyes:

1. Cuando la voluntad y la imaginación son antagónicas, siempre es la imaginación la que gana, sin excepción.

2. En el conflicto entre la voluntad y la imaginación, la fuerza de la imaginación está en relación directa con el cuadrado de la voluntad.

3. Cuando la voluntad y la imaginación están de acuerdo, no se suman una a la otra, sino que una se multiplica por la otra.

4. La imaginación puede ser dirigida.

(Las expresiones "En relación directa con el cuadrado de la voluntad" y "Se multiplica por" no son rigurosamente exactas. Son simples ilustraciones destinadas a aclarar mi punto.)

Después de lo que se acaba de decir, parece que nadie debería estar enfermo. Eso es muy cierto. Cualquier enfermedad, cualquiera que sea, puede ceder o sucumbir a la autosugestión, por atrevido y poco probable que pueda parecer mi afirmación. No digo que siempre ceda, pero **puede** ceder, que es diferente.

Pero, para que las personas practiquen la autosugestión consciente, se les debe enseñar cómo hacerlo, al igual que se les enseña a leer, escribir o tocar el piano.

La autosugestión es, como dije anteriormente, un instrumento que poseemos al nacer, y con el que tocamos inconscientemente toda nuestra vida, como el bebé juega con su sonajero. Sin embargo, es un instrumento peligroso; puede herirte o incluso matarte si lo manejas de manera imprudente e inconsciente. Por el contrario, puede salvar tu vida cuando sabes cómo emplearla conscientemente.

Se puede decir que es, como dijo Esopo refiriéndose a la lengua: "Es al mismo tiempo lo mejor y lo peor del mundo".

Ahora voy a mostrarte cómo todos pueden beneficiarse con la acción benéfica de la autosugestión aplicada conscientemente. Al decir "todos", exagero un poco, porque hay dos clases de personas en las que es difícil despertar la autosugestión consciente:

1. Aquellos que no están mentalmente desarrollados, que no son capaces de entender lo que les dices.

2. Aquellos que no están dispuestos a entender.

CAPÍTULO 5:
CÓMO ENSEÑAR A LOS PACIENTES A PRACTICAR LA AUTOSUGESTIÓN

El principio del método puede resumirse en estas pocas palabras: es imposible pensar en dos cosas a la vez, es decir, que dos ideas pueden estar en yuxtaposición, pero no pueden superponerse en nuestra mente.

Cada pensamiento que llena completamente nuestra mente se vuelve realidad para nosotros, y tiende a transformarse en acción.

Por lo tanto, si puedes hacer que una persona enferma piense que su problema está mejorando, desaparecerá; si logras hacer que un cleptómano piense que ya no robará más, dejará de robar, etc., etc.

Este entrenamiento, que tal vez te parezca imposible, es, sin embargo, la cosa más simple del mundo. Basta, mediante una serie de experimentos apropiados y graduados, enseñar el tema, como si fuera el ABC del pensamiento consciente

Aquí está esa serie de experimentos: al seguirla al pie de la letra, se puede estar absolutamente seguro de obtener un buen resultado, excepto con las dos categorías de personas mencionadas anteriormente.

Primer experimento.

(Estos experimentos son los de Sage de Rochester.)

Preparación. 1. Pide al sujeto que se ponga de pie, con el cuerpo rígido como una barra de hierro, los pies juntos desde el pie hasta el talón, y con los tobillos flexibles como si fuesen bisagras. Dile que haga como si fuese un tablón con bisagras en su base, que está equilibrada en el suelo.

2. Hazle notar que si uno empuja el tablón ligeramente de cualquier manera, cae como una masa sin ninguna resistencia, en la dirección en que se empuja.

3. Dile que lo vas a tirar hacia atrás por los hombros y que debe dejarse caer en tus brazos sin la menor resistencia, girando los tobillos como en las bisagras, es decir, manteniendo los pies fijos en el suelo.

4. Luego, tira de él hacia atrás por los hombros y, si el experimento no tiene éxito, repítelo hasta que lo logres, o casi.

Segundo experimento.

1. Explica al sujeto que, para demostrar la acción de la imaginación, le pedirás que piense en un momento: "Estoy cayendo hacia atrás, estoy cayendo hacia atrás. "

2. Dile que no debe tener más pensamiento que este en su mente, que no debe reflexionar o preguntarse si se va a caer o no, o pensar que si se cae puede lastimarse, etc., o caer a propósito para complacerte; pero que *si realmente siente algo que lo impulsa a caer hacia atrás,* no debe resistir el impulso, sino obedecerlo.

3. Luego, pídele al sujeto que levante la cabeza, que cierre los ojos, y que coloque el puño derecho en la parte posterior de su cuello y la mano izquierda en la frente.

4. Dile: "Ahora piensa: estoy cayendo hacia atrás, Estoy cayendo hacia atrás, etc..." Y por tu parte, dile: "Estás cayendo hacia atrás; estás . . . cayendo . . . hacia . . . atrás . . . , etc..."

5. Al mismo tiempo, desliza la mano izquierda ligeramente hacia atrás hasta la sien izquierda, sobre la oreja, y retírala muy lentamente pero con un movimiento continuo del puño derecho.

6. Inmediatamente sentirás que el sujeto hace un ligero movimiento hacia atrás, sea para evitar caer o para caer completamente. En el primer caso, dile que se ha resistido y

que no solo creyó que estaba cayendo, sino que además creyó que podía lastimarse si caía. Eso es cierto, porque si no hubiese pensado lo último, habría caído como un bloque.

7. Repite el experimento usando un tono de comando como si obligaras al sujeto a obedecer. Continúa con esto hasta que sea completamente exitoso o muy cercano al éxito.

El sugestionador debe pararse un poco detrás del sujeto, con la pierna izquierda hacia adelante y la pierna derecha bien detrás de él, para que el sujeto no lo bote al caer. Si no se toma esta precaución, el resultado puede ser que ambos caigan, si el sujeto es pesado.

Tercer experimento.

1. Coloca el sujeto frente a ti, el cuerpo todavía rígido, los tobillos flexibles y los pies unidos y paralelos.

2. Pon tus dos manos en sus sienes sin ninguna presión, y mira fijamente, sin mover los párpados, la raíz de su nariz.

3. Dile que piense: "Estoy cayendo hacia adelante, estoy cayendo hacia adelante..." Y repítele, acentuando las sílabas, "estás cayendo ... hacia ... adelante... estás ... cayendo hacia ... ade... lante.." sin dejar de mirarlo fijamente.

Cuarto experimento.

1. Pide al sujeto que sujete sus manos lo más apretado posible, es decir, hasta que los dedos tiemblen ligeramente.

2. Míralo de la misma manera que en el experimento anterior y mantén tus manos sobre las suyas como para apretarlas aún más.

3. Dile que piense que no puede soltar los dedos, que vas a contar tres, y que cuando digas "tres" él debe intentar separar sus manos mientras piensa todo el tiempo: "No puedo hacerlo, no puedo hacerlo". ¡Le resultará imposible!

4. Luego cuenta muy lentamente, "uno, dos, tres", y agrega inmediatamente, separando las sílabas: " No. . . . puedes. . . . hacerlo. . . . No . . . . puedes . . . . hacerlo. . . "

Si el sujeto está pensando correctamente, "No puedo hacerlo", no solo no podrá separar sus dedos, sino que estos últimos se cerrarán con mayor fuerza mientras más esfuerzos realiza para separarlos. De hecho, obtendrá exactamente lo contrario a lo que quiere.

5. En unos momentos, dile: "Ahora piensa: 'Puedo hacerlo'". Entonces sus dedos se separarán.

Ten cuidado siempre de mantener tus ojos fijos en la raíz de la nariz del sujeto, y no permitas que desvíe sus ojos de los tuyos ni por un solo momento. Si es capaz de soltar las manos, no creas que es culpa tuya, sino del sujeto, que no ha pensado correctamente: "No puedo".

Se firme al asegurarle esto, y comienza el experimento de nuevo.

Siempre usa un tono de comando que no pueda ser desobedecido. No quiero decir que sea necesario elevar tu voz; por el contrario, es preferible emplear el tono ordinario, pero enfatiza cada palabra en un tono seco e imperativo.

Cuando estos experimentos han tenido éxito, todos los demás tienen el mismo éxito y esto puede lograrse fácilmente siguiendo al pie de la letra las instrucciones dadas anteriormente.

Algunos sujetos son muy sensibles y es fácil reconocerlos por el hecho de que la contracción de sus dedos y extremidades se produce fácilmente.

Después de dos o tres experimentos exitosos, ya no es necesario decirles: "Piensa esto" o "piensa eso"; solo necesitas, por ejemplo, decirles simplemente, pero en el tono imperativo empleado por todos los buenos sugerentes: "Cierra las manos; ahora no puedes abrirlas ". "Cierra tus ojos; ahora no puedes abrirlos ", y al sujeto le resulta absolutamente imposible abrir las manos o los ojos a pesar de todos sus esfuerzos. Dile en unos momentos: "Ahora puedes hacerlo ", y la descontracción se lleva a cabo instantáneamente.

Estos experimentos pueden ser variados hasta el infinito. Éstos son algunos más:

- Haz que el sujeto una las manos y sugiérele que están soldadas entre sí;
- Haz que ponga su mano sobre la mesa y sugiérele que está pegada a ella;
- Dile que está pegado a su silla y que no puede levantarse;
- Haz que se levante, y dile que no puede caminar;
- Pon un portaplumas sobre la mesa y dile que pesa cien kilos y que no puede levantarlo, etc., etc.

En todos estos experimentos, --y no puedo repetirlo lo suficiente--, no es la sugestión propiamente dicha lo que produce los fenómenos, sino la autosugestión que sigue a la sugestión del operador.

CAPÍTULO 6:
MÉTODO DE PROCEDIMIENTO EN SUGESTIÓN CURATIVA

Cuando el sujeto ha pasado por los experimentos anteriores y los ha comprendido, está maduro y listo para la sugestión curativa. Es como un campo cultivado en el que la semilla puede germinar y desarrollarse, mientras que antes era una tierra áspera en la que habría perecido.

Independientemente de la dolencia que sufra el sujeto, ya sea física o mental, es importante proceder siempre de la misma manera y usar las mismas palabras con algunas variaciones según el caso.

Di al sujeto:

"Siéntate y cierra los ojos. No voy a intentar ponerte a dormir ya que no es necesario. Te pido que cierres los ojos simplemente para que tu atención no se distraiga con los objetos que te rodean.

"Ahora, di a ti mismo que cada palabra que yo diga se fijará en tu mente, y se imprimirá, grabará e incrustará en ella, y que allí permanecerá fija, impresa e incrustada, y eso sin tu voluntad o conocimiento. De hecho, de manera perfectamente inconsciente de tu parte, tú y todo tu organismo van a obedecer.

"En primer lugar, digo que cada día, tres veces al día, por la mañana, a mediodía y por la tarde, a las horas habituales de la comida, sentirás hambre, es decir, experimentarás la agradable sensación que te hace pensar y decir: "¡Oh! ¡Qué bueno será comer algo!" Luego comerás y disfrutarás tu comida, sin comer demasiado. También tendrás cuidado de masticarla correctamente para transformarla en una especie de pasta suave antes de tragarla. En estas condiciones, la digerirás correctamente y, por lo tanto, no sentirás molestias, inconvenientes ni dolores de ningún tipo en el estómago ni en los intestinos. Asimilarás lo que comes y tu organismo lo utilizará para crear sangre, músculo, fuerza y energía, en una palabra: Vida.

"Dado que habrás digerido tu comida correctamente, la función de excreción será normal, y cada mañana, al levantarte, sentirás la necesidad de evacuar los intestinos, y sin que te veas obligado a tomar medicamentos ni a utilizar ningún artilugio, obtendrás un resultado normal y satisfactorio.

"Además, cada noche, desde el momento en que deseas dormir hasta la hora que deseas despertarte a la mañana siguiente, dormirás profunda, tranquila y silenciosamente, sin pesadillas, y al despertarte te sentirás perfectamente bien, alegre y activo.

"Del mismo modo, si ocasionalmente sufres de depresión, si eres sombrío y propenso a preocuparte y mirar el lado oscuro de las cosas, a partir de ahora dejarás de hacerlo, y, en lugar de preocuparte, deprimirte y mirar el lado oscuro de las cosas, te sentirás perfectamente alegre, aunque no haya ninguna razón especial para ello, tal como solías sentirte deprimido sin ninguna razón en particular. Aún más, incluso si tienes una razón real para estar preocupado y deprimido, no lo estarás.

"Si también estás sujeto a ataques ocasionales de impaciencia o mal genio, dejarás de tenerlos. Por el contrario, siempre serás paciente y dueño de ti mismo, y las cosas que te preocuparon, molestaron o irritaron a partir de ahora te serán absolutamente indiferentes y te mantendrás perfectamente tranquilo.

"Si a veces eres atacado, perseguido, y acosado por ideas malas y malsanas, por temores, aprehensiones, aversiones, tentaciones o rencores contra otras personas, tu imaginación perderá gradualmente de vista todo ello, se desvanecerá y alejará como si estuviese en una nube lejana donde finalmente desaparecerá por completo. Como los sueños que se desvanecen cuando nos despertamos, también desaparecerán todas estas vanas imágenes.

"A esto agrego que todos tus órganos están desempeñando sus funciones correctamente. El corazón late de manera normal y la circulación de la sangre ocurre como debería; los pulmones están desempeñando sus funciones, como también el estómago, los intestinos, el hígado, el conducto biliar, los riñones y la vejiga. Si en este momento alguno de ellos actúa de manera anormal, esa anomalía es cada día menor, por lo que pronto habrá desaparecido por completo, y el órgano habrá recuperado su función normal. Además, si hubiese lesiones en cualquiera de estos órganos, mejorarán día a día y pronto se curarán por completo.

(Respecto a esto, puedo decir que no es necesario saber qué órgano está afectado para que se cure. Bajo la influencia de la autosugestión "Cada día, en todos los aspectos, estoy mejor y mejor", el inconsciente actúa sobre el órgano que él puede detectar por sí mismo).

"También debo agregar, y es extremadamente importante, que si hasta el momento te ha faltado confianza en ti mismo, te digo que esta desconfianza desaparecerá poco a poco y dará lugar a una confianza basada en el conocimiento de esta fuerza de incalculable poder que se encuentra en cada uno de nosotros.

"Es absolutamente necesario que cada ser humano tenga esta confianza. Sin ella, uno no puede lograr nada, con ella uno puede lograr lo que quiera, (dentro de lo razonable, por supuesto). Tendrás entonces confianza en ti mismo, y esta confianza te da la seguridad de que eres capaz de lograr perfectamente lo que desees hacer --a condición de que sea razonable--, y lo que es tu deber hacer.

"Entonces, cuando deseas hacer algo razonable, o cuando tienes un deber que cumplir, siempre piensa que es fácil, y haz que las palabras "difícil", "imposible", "no puedo", "es más fuerte que yo", "no puedo evitarlo"... desaparezcan de tu vocabulario. No existen en tu idioma. Lo que existe es:

"Es fácil y yo puedo".

"Al considerarlo fácil, se vuelve fácil para ti, aunque a los demás les pueda parecer difícil. Lo harás rápido y bien, y sin cansancio, porque lo harás sin esfuerzo, mientras que, si lo consideras difícil o imposible, lo sería para ti, simplemente porque habrías pensado así".

****

A estas sugestiones generales que quizás sean largas e incluso infantiles para algunos, pero que son necesarias, deben agregarse aquellas que se aplican al caso particular del paciente con el que se está tratando.

Todas estas sugestiones deben hacerse con una voz monótona y suave (siempre enfatizando las palabras esenciales), que, aunque en realidad no pongan al sujeto a dormir, al menos lo hagan sentir somnoliento y que no piense en nada en particular.

Cuando hayas llegado al final de la serie de sugestiones, abordarás el tema en estos términos:

"En resumen, quiero decir que, desde todos los puntos de vista, tanto físico como mental, disfrutarás de una salud excelente, de una mejor salud que la que has podido disfrutar hasta ahora. Ahora voy a contar tres, y cuando diga 'Tres', abrirás los ojos y saldrás del estado pasivo en el que te encuentras. Saldrás de él con total naturalidad, sin sentirte en absoluto somnoliento o cansado, por el contrario, te sentirás fuerte, vigoroso, alerta, activo, lleno de vida; aún más, te sentirás muy alegre y en forma en todos los sentidos.

UNO - DOS - TRES – "

En la palabra" tres "el sujeto abre sus ojos, siempre con una sonrisa y una expresión de bienestar y satisfacción en su rostro. A veces, aunque rara vez, el paciente se cura en el lugar; en otras ocasiones, y este es el caso más general, se siente aliviado, su dolor o su depresión han desaparecido parcial o totalmente, aunque solo por un cierto lapso de tiempo.

En todos los casos, es necesario renovar las sugestiones con mayor o menor frecuencia según el sujeto, teniendo cuidado de espaciarlas a intervalos cada vez más largos, de acuerdo con el progreso obtenido hasta que ya no sean necesarias, es decir cuando la curación es completa

Antes de despedir al paciente, debes decirle que lleva en su interior el instrumento mediante el cual puede curarse a sí mismo, y que tú eres, por así decirlo, solo un profesor que le está enseñando a usar este instrumento y que él debe ayudarte a hacer tu tarea.

Así, cada mañana antes de levantarse, y cada noche al acostarse, debe cerrar los ojos y en el pensamiento transportarse a tu presencia, y luego repetir veinte veces consecutivas con una voz monótona, contando por medio de una cuerda con veinte nudos, esta pequeña frase:

"CADA DÍA, EN TODOS LOS ASPECTOS, ESTOY MEJOR, MEJOR Y MEJOR".

En su mente, debe enfatizar las palabras "*en todos los aspectos*", lo que aplica a toda necesidad, mental o física. Esta sugestión general es más eficaz que las especiales.

Por lo tanto, es fácil comprender la parte desempeñada por quien da las sugestiones. No es un maestro que da órdenes, sino un amigo, un guía que lleva paso a paso al paciente en el camino hacia la salud.

Como todas las sugestiones se dan en el interés del paciente, el inconsciente de este último no pide nada mejor que asimilarlas y transformarlas en autosugestiones. Cuando se ha hecho esto, la curación se obtiene más o menos rápidamente según las circunstancias.

CAPÍTULO 7:
LA SUPERIORIDAD
DE ESTE MÉTODO

Este método da resultados absolutamente maravillosos, y es fácil entender por qué. De hecho, al seguir mi consejo, es imposible fracasar, excepto con las dos clases de personas mencionadas anteriormente, que afortunadamente representan apenas el 3% del total.

Sin embargo, si intentas hacer que tus sujetos se duerman de inmediato, sin las explicaciones y los experimentos preliminares necesarios para llevarlos a aceptar las sugestiones y transformarlos en sugestiones automáticas, no podrás y no tendrás éxito, excepto con sujetos particularmente sensibles, y estos son pocos.

Todos pueden llegar a ser muy sensibles con entrenamiento, pero muy pocos lo son sin la instrucción preliminar que yo recomiendo, la cual puede hacerse en unos minutos.

Antes, creyendo que las sugestiones solo podían darse durante el sueño, siempre intentaba dormir a mis pacientes; pero al descubrir que no era indispensable, dejé de hacerlo para evitarles el temor y la inquietud que casi siempre experimentan cuando se les dice que los van a poner a dormir y que a menudo los lleva a oponer, aún sin querer, una resistencia involuntaria. Si, por el contrario, le dices al paciente que no lo vas a dormir porque no hay necesidad de hacerlo, ganas su confianza. Te escuchará sin miedo ni ningún pensamiento ulterior, y a menudo sucede, --si no la primera vez, muy pronto en todo caso--, que tranquilizado por el sonido monótono de tu voz, cae en un sueño profundo del que se despierta asombrado de haberse dormido.

Si hay escépticos entre ustedes, como estoy bastante seguro de que los hay, todo lo que tengo que decirles es: "Vengan a mi casa y vean lo que se está haciendo, y serán convencidos por los hechos".

Sin embargo, no debes irte con la idea de que la autosugestión solo puede llevarse a cabo de la manera que he descrito. Es posible hacer sugestiones a personas sin su conocimiento y sin ninguna preparación.

Por ejemplo, si un médico que solo por su título tiene una influencia sugestiva en su paciente, le dice que no puede hacer nada por él y que su enfermedad es incurable, provoca en la mente de este último una autosugestión que puede tener las consecuencias más desastrosas. Sin embargo, si le dice que su enfermedad es grave, cierto, pero que con cuidado, tiempo y paciencia puede curarse, a veces, e incluso a menudo, obtiene resultados que lo sorprenderán.

Aquí hay otro ejemplo: si un médico después de examinar a su paciente, escribe una receta y se la da sin ningún comentario, los remedios prescritos no tendrán muchas posibilidades de éxito; si, por otro lado, le explica a su paciente que tales y tales medicamentos deben tomarse en tales y tales condiciones y que producirán ciertos resultados, es casi seguro que esos resultados se producirán.

Si en esta sala hay médicos o mis hermanos químicos, espero que no me consideren su enemigo. Soy por el contrario su mejor amigo. Por un lado, me gustaría ver el estudio teórico y práctico de la sugestión en el programa de las escuelas de medicina para gran beneficio de los enfermos y de los propios médicos; y, por otro lado, en mi opinión, cada vez que un paciente acude a ver a su médico, este último debe darle uno o incluso varios medicamentos, incluso si no son necesarios. De hecho, cuando un paciente visita a su médico, es para saber qué medicamento lo curará. No comprende que es la higiene y el régimen lo que lo cura, y les atribuye poca importancia. Lo que quiere es un medicamento.

En mi opinión, si el médico solo prescribe un régimen sin ningún medicamento, su paciente quedará insatisfecho. Dirá que se tomó la molestia de consultarlo para nada y, a menudo, acude a otro médico. Entonces, me parece que el médico siempre debe recetar medicamentos a su paciente y, en la medida de lo posible, medicamentos compuestos por él mismo en lugar de los remedios estándar que tanto se anuncian y que deben su único valor al anuncio. Las recetas propias del médico inspirarán infinitamente más confianza que las píldoras X y Y que cualquier persona puede adquirir fácilmente en la farmacia más cercana sin necesidad de una receta.

CAPÍTULO 8:
COMO FUNCIONA LA SUGESTIÓN

Para entender correctamente el papel desempeñado por la sugestión o, más bien, por la autosugestión, basta con saber que el yo inconsciente es el gran director de todas nuestras funciones.

Haz creer, como dije anteriormente, que un determinado órgano que no funciona bien debe realizar su función, y al instante se transmite el orden. El órgano obedece con docilidad, y de una vez o poco a poco cumple sus funciones de manera normal. Esto explica de forma simple y clara cómo, mediante la sugestión, se pueden detener las hemorragias, curar el estreñimiento, hacer que desaparezcan los tumores fibrosos, curar la parálisis, lesiones tuberculosas, varices, úlceras, etc.

Tomemos, por ejemplo, un caso de hemorragia dental que tuve la oportunidad de observar en la consulta de M. Gauthe, un dentista de Troyes.

Una joven a quien ayudé a curarse del asma que había sufrido durante ocho años, me dijo un día que quería sacarse una muela. Como sabía que era muy sensible, le ofrecí hacer que no sintiera nada durante la operación. Ella, naturalmente, aceptó con mucho gusto e hicimos una cita con el dentista. El día que habíamos organizado nos presentamos en el dentista y, parados frente a mi paciente, la miré fijamente y le dije: "No sientes nada, no sientes nada, etc., etc." y, mientras continuaba con la sugestión, hice una señal al dentista. En un instante el diente salió sin que la señorita D____ moviera ni un pelo. Como sucede con bastante frecuencia, siguió una hemorragia, pero le dije al dentista que intentaría una sugestión para que él no usara un hemostático, sin saber de antemano qué pasaría. Entonces le pedí a la señorita D____ que me mirara fijamente, y le sugerí que en dos minutos la hemorragia cesaría por sí sola, y esperamos. La paciente escupió sangre una o dos veces y luego cesó. Le dije que abriera la boca, y ambos miramos y encontramos que se había formado un coágulo de sangre en la cavidad dental.

¿Cómo se explica este fenómeno? De la forma más sencilla. Bajo la influencia de la idea: "La hemorragia debe detenerse", el inconsciente había enviado a las arterias y pequeñas venas la orden de detener el flujo de sangre y, obedientemente, se contrajeron naturalmente, como lo hubiesen hecho artificialmente al contacto con un hemostático como la adrenalina, por ejemplo.

El mismo razonamiento explica cómo puede hacerse desaparecer un tumor fibroso. Una vez que el inconsciente ha aceptado la idea de que "debe irse", el cerebro ordena que se contraigan las arterias que lo nutren. Lo hacen, negándose a servir al tumor, dejando de alimentarlo, y el tumor, privado de alimento, muere, se seca, se reabsorbe y desaparece.

CAPÍTULO 9:
EL USO DE LA SUGESTIÓN PARA CURAR PADECIMIENTOS MORALES Y TARAS SEAN CONGÉNITAS O ADQUIRIDAS

La neurastenia, tan común hoy en día, generalmente cede a la sugestión practicada constantemente de la manera que he indicado. He tenido la felicidad de contribuir a la cura de gran número de neurasténicos con los que todos los demás tratamientos habían fracasado.

Uno de ellos incluso había pasado un mes en un establecimiento especial en Luxemburgo sin obtener ninguna mejora. En seis semanas estuvo completamente curado, y ahora es el hombre más feliz que uno desearía encontrar, después de haberse considerado el más miserable. Tampoco es probable que vuelva a enfermarse de la misma manera, ya que le mostré cómo hacer uso de la autosugestión consciente y lo hace maravillosamente bien.

Pero si la sugestión es útil para tratar los padecimientos morales y las dolencias físicas, podría prestar servicios aún mayores a la sociedad, convirtiendo en personas honestas a los desgraciados que pueblan nuestros reformatorios y que solo los dejan para ingresar en el ejército del crimen.

¡Que nadie me diga que esto es imposible!

El remedio existe y puedo probarlo.

Citaré los dos casos siguientes que son muy característicos, pero aquí debo insertar algunos comentarios entre paréntesis.

Para dar a entender la forma en que actúa la sugestión en el tratamiento de las taras morales, usaré la siguiente comparación. Supongamos que nuestro cerebro es una tabla en la que están clavados varios clavos que representan las ideas, los hábitos y los instintos que determinan nuestras acciones.

Si vemos que existe en algún tema una idea *mala*, un mal hábito, un mal instinto, por así decirlo, *un mal clavo*, tomamos otro, --la buena idea, hábito o instinto--, lo colocamos encima del malo y damos un golpecito con un martillo - en otras palabras, hacemos una sugestión--.

El nuevo clavo se clavará una fracción de pulgada, mientras que el anterior saldrá en la misma medida. A cada nuevo golpe con el martillo, es decir, a cada nueva sugestión, el nuevo será introducido un poco más y el otro será expulsado en la misma cantidad, hasta que, después de un cierto número de golpes, el clavo viejo saldrá completamente y será reemplazado por el nuevo. Cuando la sustitución se ha realizado, el individuo la obedece.

Volvamos a nuestros ejemplos.

El pequeño M_____, un niño de once años que vive en Troyes, estuvo sujeto día y noche a ciertos accidentes inherentes a su primera infancia [orinarse en la cama]. También era cleptómano y, por supuesto, mentía cuando se hablaba con él. A petición de su madre lo traté por sugestión. Después de la primera visita, los accidentes cesaron de día, pero continuaron durante la noche. Poco a poco se fueron haciendo menos frecuentes, y finalmente, unos meses después, el niño quedó completamente curado. En el mismo período disminuyó su propensión a robar, y en seis meses cesó por completo.

El hermano de este niño, de dieciocho años, había concebido un odio violento contra otro de sus hermanos. Cada vez que tomaba demasiado vino, se sentía impulsado a sacar un cuchillo y apuñalar a su hermano. Sentía que un día u otro terminaría haciéndolo, y al mismo tiempo sabía que, al hacerlo quedaría inconsolable.

Lo traté también por sugestión, y el resultado fue maravilloso. Después del primer tratamiento se curó. Su odio por su hermano desapareció, y desde entonces se han hecho buenos amigos y se han llevado bien. Seguí el caso durante mucho tiempo, y la cura fue permanente.

Dado que tales resultados se obtienen por sugestión, ¿no sería beneficioso --incluso podría decir que es indispensable--, tomar este método e introducirlo en nuestros reformatorios? Estoy absolutamente convencido de que, si la sugestión se aplicara diariamente a muchachos viciosos, se podría rescatar más del 50%. ¿No sería dar un servicio inmenso a la sociedad, el devolverle a una vida sana y de bien a miembros que antes estaban corroídos por la decadencia moral?

Tal vez me digan que la sugestión es algo peligroso y que podría usarse para propósitos malvados. Esta objeción no es válida, primero porque la práctica de la sugestión solo sería confiada [por el paciente] a personas confiables y honestas, -- a médicos reformadores, por ejemplo--. Por otra parte, aquellos que buscan utilizarla para el mal, ¡no piden permiso a nadie!

Pero incluso admitiendo que ofrece algún peligro (aunque no sea así), me gustaría pedir a quien ofrezca la objeción, que me diga qué cosa que usamos no sea peligrosa. ¿El vapor? ¿la pólvora? ¿los trenes? ¿los barcos? ¿la electricidad? ¿los automóviles? ¿los aviones?

¿No son acaso peligrosos los venenos que nosotros, médicos y químicos, usamos diariamente en dosis diminutas, y que podrían destruir al paciente fácilmente si, por un momento de descuido, desafortunadamente cometemos un error al pesarlos?

CAPÍTULO 10:
UNAS CUANTAS
CURACIONES TÍPICAS

Este pequeño trabajo estaría incompleto si no incluyera algunos ejemplos de las curaciones logradas. Tomaría demasiado tiempo, y quizás también sería algo agotador si tuviera que relatar todas aquellas en las que he participado. Por lo tanto, me contentaré citando algunas de las más notables.

La señorita M_____ D_____, de Troyes, había padecido asma durante ocho años, lo que la obligaba a sentarse en la cama casi toda la noche, luchando por respirar. Los experimentos preliminares muestran que es un sujeto muy sensible. Se duerme inmediatamente, y se le da la sugestión. Desde el primer tratamiento hay una enorme mejora. La paciente tiene una buena noche, solo interrumpida por un ataque de asma que dura únicamente un cuarto de hora. En muy poco tiempo, el asma desaparece completamente y no hay recaída posterior.

La señora M_____, hostelera que trabaja en Sainte-Savine, cerca de Troyes, paralizada durante dos años como resultado de lesiones en la unión de la columna vertebral y la pelvis. La parálisis se produce solo en las extremidades inferiores, en las que la circulación de la sangre prácticamente ha cesado, inflamándolas, congestionándolas y decolorándolas. Se han intentado varios tratamientos, incluido el antisifilítico, sin éxito. Experimentos preliminares exitosos; sugestión aplicada por mí y autosugestión por el paciente durante ocho días. Al final de este tiempo hay un movimiento casi imperceptible pero aún apreciable de la pierna izquierda. Nuevas sugestiones. En ocho días la mejora es notable. Cada semana o quincena hay una mejora cada vez mayor con la disminución progresiva de la hinchazón, y así sucesivamente. Once meses después, el primero de noviembre de 1906, la paciente baja sola y camina 800 metros, y en el mes de julio de 1907, regresa a la fábrica donde ha seguido trabajando desde entonces, sin rastro de parálisis.

El señor A_____ G_____, que vive en Troyes, ha sufrido enteritis (inflamación del intestino) durante mucho tiempo, por lo que se han probado diferentes tratamientos en vano. Mentalmente, se encuentra en un estado mental muy malo, deprimido, melancólico, insociable y obsesionado por pensamientos suicidas. Los experimentos preliminares son fáciles, seguidos de sugestiones que producen un resultado apreciable desde el mismo día. Durante tres meses, sugestiones diarias para comenzar, luego a intervalos cada vez más largos. Al final de este período, la curación está completa, la enteritis ha desaparecido y su moral se ha vuelto excelente. Como la curación se remonta a doce años sin sombra de una recaída, puede considerarse como permanente.

El señor G_____, es un ejemplo sorprendente de los efectos que pueden producirse por sugestión, o más bien por autosugestión. Al mismo tiempo que le hice sugestiones desde el punto de vista físico, también lo hice desde el mental, y él aceptó ambas sugestiones igualmente bien. Cada día aumentaba su confianza en sí mismo, y como era un excelente trabajador, a fin de ganar más dinero, buscó una máquina que le permitiera trabajar en casa para su empleador. Poco después, el propietario de una fábrica que había visto con sus propios ojos lo buen trabajador que era, le confió la máquina que deseaba. Gracias a su habilidad, pudo lograr mucho más que un obrero común, y su empleador, encantado con el resultado, le dio otra y luego otra máquina más, hasta que M. G., quien, si no hubiese sido por la sugestión, hubiese seguido siendo un obrero ordinario, ahora está a cargo de seis máquinas que le brindan una muy buena ganancia.

La señora D_____, de Troyes, de unos 30 años de edad. Está en las últimas etapas de tuberculosis, y adelgaza diariamente a pesar de una nutrición especial. Sufre de tos, escupe y tiene dificultad para respirar; de hecho, todo hace creer que le quedan solo unos meses de vida. Los experimentos preliminares muestran una gran sensibilidad. La sugestión es seguida por una mejora inmediata. A partir del día siguiente los síntomas mórbidos comienzan a disminuir. Cada día la mejora se hace más marcada, la paciente rápidamente gana peso, aunque ya no toma ningún alimento especial. En pocos meses la curación es aparentemente completa. Esta persona me escribió el 1 de enero de 1911, es decir, ocho meses después de haber dejado Troyes, para agradecerme y decirme que, aunque estaba embarazada, estaba perfectamente bien.

He elegido deliberadamente estos casos que datan de hace un tiempo, para mostrar que las curaciones son permanentes, pero me gustaría agregar algunos más recientes.

El señor X_____, empleado de la oficina de correos en Luneville. Habiendo perdido a uno de sus hijos en enero de 1910, el problema le produce una perturbación cerebral que se manifiesta en un temblor nervioso incontrolable. Su tío me lo trae en el mes de junio. Experimentos preliminares seguidos de sugestión. Cuatro días después, el paciente regresa para decirme que el temblor ha desaparecido. Renuevo la sugestión y le digo que regrese en ocho días. Una semana, luego una quincena, luego tres semanas, luego un mes, pasan sin que yo escuche nada de él. Poco después, su tío viene y me dice que acaba de recibir carta de su sobrino, diciéndole que está perfectamente bien. Ha retomado su trabajo de telegrafista -- que se había visto obligado a abandonar-- y, el día anterior, envió un telegrama de 170 palabras sin la menor dificultad. Podría fácilmente, dice en su carta, haber enviado uno aún más largo. Desde entonces no ha tenido ninguna recaída.

El señor Y_____, de Nancy, ha sufrido de neurastenia durante varios años. Tiene aversiones, temores nerviosos y trastornos del estómago y los intestinos. Duerme mal, es sombrío y está atormentado por ideas de suicidio; se tambalea como un borracho cuando camina, y no puede pensar en nada más que en su problema. Todos los tratamientos han fallado y él empeora cada vez más; una estancia en un asilo especial para tales casos no tiene ningún efecto. El señor Y_____ viene a verme a principios de octubre de 1910. Experimentos preliminares comparativamente fáciles. Le explico al paciente los principios de la autosugestión y la existencia dentro de nosotros del ser consciente e inconsciente, y luego hago la sugestión requerida. Durante dos o tres días, el señor Y_____ tiene un poco de dificultad con las explicaciones que le he dado.

En poco tiempo *"se hace la luz"* en su mente, y comprende todo el asunto. Renuevo la sugestión, y él mismo la hace todos los días. La mejora, que al principio es lenta, se vuelve más y más rápida, y en un mes y medio se completa la curación. El ex inválido que últimamente se había considerado el más miserable de los hombres, ahora se considera el más feliz.

El señor E_____, de Troyes. Ataque de gota. Tobillo derecho inflamado y doloroso. No puede caminar. Los experimentos preliminares muestran que es un sujeto muy sensible. Después del primer tratamiento, puede abordar, sin la ayuda de su bastón, el carruaje que lo trajo y el dolor ha cesado. Al día siguiente no regresa como le había dicho que hiciera. Luego, su esposa viene sola y me dice que esa mañana su esposo se había levantado, se había puesto los zapatos y se había ido en bicicleta a visitar sus jardines (él es un pintor). No hace falta decirles acerca de mi total asombro. No pude seguir con este caso, ya que el paciente nunca se dignó venir a verme de nuevo, pero tiempo después supe que no había tenido una recaída.

La señora T_____, de Nancy. Neurastenia, dispepsia, gastralgia, enteritis y dolores en diferentes partes del cuerpo. Se ha tratado durante varios años con resultado negativo. La trato mediante sugestión, y ella hace autosugestiones para sí misma todos los días. Desde el primer día hay una mejora notable que continúa sin interrupción. Hoy en día ya ha estado curada mental y físicamente durante mucho tiempo, y no sigue ningún régimen. Piensa que todavía tiene una ligera enteritis, pero no está segura.

La señora X_____, hermana de la señora T_____. Neurastenia aguda; se queda en cama una quincena cada mes, ya que le resulta totalmente imposible moverse o trabajar; sufre de falta de apetito, depresión y trastornos digestivos. Se curó con una visita, y la curación parece ser permanente ya que no ha tenido una recaída.

La señora H____, de Maxeville. Eczema general, particularmente grave en la pierna izquierda. Ambas piernas están inflamadas, sobre todo en los tobillos; Caminar le resulta difícil y doloroso. La trato por sugestión. Esa misma tarde la señora H____ puede caminar varios cientos de metros sin fatiga. El día siguiente los pies y tobillos ya no están hinchados y no han vuelto a hincharse desde entonces. El eczema desaparece rápidamente.

La señora F____, de Laneuveville. Dolores en los riñones y las rodillas. La enfermedad se remonta a diez años atrás y cada día empeora. Sugestión de mi parte, y autosugestión de ella misma. La mejora es inmediata y aumenta progresivamente. La curación se obtiene rápidamente, y es permanente.

La señora Z____, de Nancy, se sintió enferma en enero de 1910, con congestión pulmonar, de la cual no se había recuperado dos meses después. Sufre de debilidad general, pérdida de apetito, problemas digestivos graves, acción intestinal escasa y difícil, insomnio, sudoración nocturna abundante. Después de la primera sugestión, la paciente se siente mucho mejor, y dos días después regresa y me dice que se siente bastante bien. Todo rastro de enfermedad ha desaparecido, y todos los órganos funcionan normalmente. Tres o cuatro veces estuvo a punto de tener sudoración, pero cada vez lo evitó mediante el uso de autosugestión consciente. Desde entonces la señora Z___ ha gozado de una salud perfectamente buena.

El señor X_____, en Belfort, no puede hablar durante más de diez minutos o un cuarto de hora sin ponerse completamente afónico. Diferentes médicos consultados no encuentran lesiones en los órganos vocales, pero uno de ellos dice que el señor X_____ sufre de senilidad de la laringe, conclusión que le confirma su creencia de que es incurable. Viene a pasar sus vacaciones a Nancy, y una conocida le aconseja que venga a verme. Al principio se niega, pero finalmente acepta a pesar de su absoluta incredulidad en los efectos de la sugestión. Sin embargo, lo trato de esta manera y le pido que regrese dos días después. Regresa el día señalado, y me dice que el día anterior pudo conversar toda la tarde sin ponerse afónico. Dos días más tarde regresa para decirme que su problema no había vuelto a aparecer, aunque no solo había conversado mucho, sino que incluso había cantado el día anterior. La curación sigue en efecto y estoy convencido de que siempre lo hará.

Antes de terminar, me gustaría decir algunas palabras sobre la aplicación de mi método a la capacitación y corrección de niños por parte de sus padres.

Estos últimos deben esperar hasta que el niño esté dormido, y luego uno de ellos debe entrar en su habitación con precaución, detenerse a un metro de su cama y repetir 15 o 20 veces en un murmullo todas las cosas que desean obtener del niño, desde el punto de vista de salud, trabajo, sueño, aplicación, conducta, etc. Luego debe retirarse teniendo mucho cuidado de no despertar al niño.

Este proceso extremadamente simple da los mejores resultados posibles y es fácil entender por qué. Cuando el niño está dormido, su cuerpo y su yo consciente están descansando y, por así decirlo, inermes; sin embargo, su yo inconsciente está despierto.

Es solo con este último que uno habla, y como es muy crédulo, acepta lo que se le dice sin discusión, de modo que, poco a poco, el niño llega a hacer de sí mismo lo que sus padres desean que sea.

CONCLUSIÓN

¿Qué conclusión se puede sacar de todo esto? La conclusión es muy simple y puede expresarse en pocas palabras: poseemos dentro de nosotros una fuerza de poder incalculable que, cuando la manejamos de manera inconsciente, a menudo nos perjudica.

Si, por el contrario, la dirigimos de manera consciente y sabia, nos da el dominio de nosotros mismos y nos permite no solo escapar y ayudar a otros a escapar de los males físicos y mentales, sino también a vivir en una relativa felicidad, cualesquiera que sean las condiciones en que podamos encontrarnos.

Por último, y sobre todo, debe aplicarse a la regeneración moral de aquellos que se han alejado del camino correcto.

FIN

PENSAMIENTOS Y PRECEPTOS DE EMILE COUÉ

tomados literalmente por la señora Emile León, su discípula.

No dediques tu tiempo a pensar en las enfermedades que puedas tener, pues si no tienes enfermedades reales, crearás enfermedades artificiales.

***

Cuando hagas sugestiones automáticas conscientes, hazlas de manera natural, simple, con convicción y, sobre todo, sin ningún esfuerzo.

Si las sugestiones erróneas e inconscientes se realizan a menudo, es porque se hacen sin esfuerzo.

***

Afírmate a ti mismo que obtendrás lo que deseas y lo obtendrás, siempre que esté dentro de lo razonable.

***

Para llegar a ser dueño de uno mismo es suficiente pensar que uno se está volviendo en dueño de uno mismo. . . .

Si tus manos tiemblan, y tus pasos flaquean, dite que todo va a cesar, y poco a poco desaparecerá.

Debes tener confianza en ti, no en mí, porque solo en ti reside la fuerza que puede curarte. Mi parte consiste simplemente en enseñarte a usar esa fuerza.

***

Nunca discutas cosas de las que no sabes nada o solo harás el ridículo. Las cosas que te parecen milagrosas tienen una causa perfectamente natural; si parecen extraordinarios es solo porque desconoces la causa. Cuando la conoces, comprendes que nada podría ser más natural.

***

Cuando la voluntad y la imaginación están en conflicto, siempre es la imaginación la que gana.

Este caso es demasiado frecuente, y entonces no solo no hacemos lo que queremos, sino lo contrario de lo que queremos.

Por ejemplo: cuanto más tratamos de ir a dormir, cuanto más tratamos de recordar el nombre de alguien, cuanto más tratamos de dejar de reír, cuanto más tratamos de evitar un obstáculo, mientras pensamos que no podemos hacerlo, entre más nos incitemos, menos recordaremos el nombre, más incontrolable se volverá nuestra risa, y más seguramente nos precipitaremos sobre el obstáculo.

Entonces, la facultad más importante del ser humano es la imaginación, *y no la voluntad*; y, por lo tanto, es un grave error aconsejar a las personas que entrenen sus voluntades.

A lo que deben dedicarse es a entrenar su imaginación.
***

Las cosas no son para nosotros lo que son, sino lo que parecen; esto explica la evidencia contradictoria de personas que hablan de buena fe.
***

Al creer que uno es amo de sus pensamientos, uno se convierte en amo de sus pensamientos.
***

Todos nuestros pensamientos, buenos o malos, se concretan, se materializan y, pronto se convierten en realidad.

Somos lo que hacemos de nosotros mismos y no lo que las circunstancias hacen de nosotros.
***

Quien comienza en la vida con la idea: "Tendré éxito", siempre tiene éxito porque hace lo que es necesario para lograr este resultado.

Si solo se le presenta una oportunidad, y si esta oportunidad tiene, por así decirlo, solo un pelo en su cabeza, él la agarra de ese pelo. Además, a menudo provoca -- inconscientemente o no--, circunstancias propicias.

Quien, por el contrario, siempre duda de sí mismo, nunca logra hacer nada. Es posible que se encuentre en medio de un ejército de oportunidades con cabellos tan largos como el de Absalón, y, sin embargo, ni las vería ni podría aprovechar una sola, incluso si solo tuviese que estirar la mano para hacerlo. Y si atrae circunstancias, son generalmente desfavorables.

No culpes al destino, solo tienes que culparte a ti mismo.

***

La gente siempre está predicando la doctrina del esfuerzo, pero esta idea debe ser repudiada.

El esfuerzo significa voluntad, y voluntad significa la posible entrada de la imaginación en oposición, y la realización del resultado exactamente contrario al deseado.

***

Siempre piensa que lo que tienes que hacer es fácil, si es posible. En este estado mental, no usarás más que la fuerza necesaria; si lo consideras difícil, gastarás diez, veinte veces más fuerza de la que necesitas; en otras palabras, la desperdiciarás.

***

La autosugestión es un instrumento que debes aprender a usar como lo harías con cualquier otro instrumento. Un arma excelente en manos inexpertas solo da malos resultados, pero cuanto más hábiles se vuelven esas manos, más fácilmente colocan las balas en el blanco.

***

La autosugestión consciente, hecha con confianza, con fe, con perseverancia, se hace matemáticamente realidad (dentro de lo razonable).

***

Cuando ciertas personas no obtienen resultados satisfactorios con la autosugestión, es porque carecen de confianza o porque hacen esfuerzos, lo que es el caso más frecuente.

Para hacer buenas sugestiones es absolutamente necesario hacerlo sin esfuerzo. El esfuerzo implica el uso de la voluntad, la cual debe ser completamente puesta de lado. Hay que recurrir exclusivamente a la imaginación.

***

Muchas personas que han cuidado de su salud toda su vida en vano, se imaginan que pueden ser curadas de inmediato por la autosugestión. Es un error, porque no es razonable pensar así. No sirve de nada esperar de la sugestión más de lo que normalmente puede producir, es decir, una mejora progresiva que poco a poco se transforma en una curación completa, cuando esto es posible.

***

Todos los medios empleados por los sanadores se remontan a la autosugestión, es decir, que estos métodos, sean los que sean, palabras, conjuros, gestos, actuaciones, producen en el paciente la autosugestión de la recuperación.

Toda enfermedad tiene dos aspectos, a menos que sea exclusivamente mental. De hecho, en cada enfermedad física, hay una enfermedad mental que viene y se le une.

Si damos a la enfermedad física el coeficiente 1, la enfermedad mental puede tener el coeficiente 1, 2, 10, 20, 50, 100 y más. En muchos casos, esta parte mental puede desaparecer instantáneamente, y si su coeficiente es muy alto, 100 por ejemplo, mientras que el de la dolencia física es 1, solo queda esta última, sea la 101ava parte de la enfermedad total. A esto se le llama milagro y, sin embargo, no hay nada milagroso al respecto.

***

Contrariamente a la opinión común, las enfermedades físicas generalmente son mucho más fáciles de curar que las mentales.

Buffon solía decir: "El estilo es el hombre". Agregaríamos a eso: "El hombre es lo que piensa". El miedo al fracaso es casi seguro que cause el fracaso, de la misma manera que la idea de éxito trae éxito, y nos permite superar siempre los obstáculos con los que nos podamos encontrar.

***

La convicción es tan necesaria para el que hace la sugestión como para el que la recibe. Es esta convicción, esta fe, la que le permite obtener resultados donde todos los otros medios han fracasado.

***

No es la persona la que actúa, es el método.

***

... Contrariamente a la opinión general, la sugestión o la autosugestión pueden lograr la curación de lesiones orgánicas.

Anteriormente se creía que el hipnotismo solo podía aplicarse al tratamiento de enfermedades nerviosas; su dominio es mucho mayor que eso.

Es cierto que el hipnotismo actúa por medio del sistema nervioso; pero el sistema nervioso domina todo el organismo. Los músculos se ponen en movimiento por los nervios; los nervios regulan la circulación por su acción directa en el corazón y por su acción en los vasos sanguíneos que se dilatan o contraen. Los nervios actúan entonces sobre todos los

46

órganos, y por su intermediación, todos los órganos no saludables pueden verse afectados. *(Doctor Paul Joire, Presidente de la Societe Universelle d'Etudes psychiques. Boletín No. 4 de la SLP)*

***

. . . La influencia moral tiene un valor considerable como ayuda en la curación. Es un factor de primer orden que sería incorrecto descuidar, ya que, en la medicina, como en cada rama de la actividad humana, son las fuerzas espirituales las que guían al mundo. *(Doctor Louis Renon, profesor de la Facultad de Medicina de París y médico en el Hospital Necker).*

***

. . . Nunca pierdas de vista el gran principio de la autosugestión: el optimismo siempre y a pesar de todo, incluso cuando los acontecimientos no parecen justificarlo. *(René de Drabois, Bol. 11 de la SLPA)*

***

La sugestión respaldada por la fe es una fuerza formidable. *(Doctor AL, París, julio de 1920.)*

Para tener e inspirar una confianza inquebrantable, uno debe caminar con la seguridad de una sinceridad perfecta, y para poseer esta seguridad y sinceridad, uno debe desear el bien de los demás más que el propio.

("Cultura de la fuerza moral", por C. Baudouin.)

OBSERVACIONES SOBRE LO QUE PUEDE HACER LA AUTOSUGESIÓN

El joven B, de 13 años, ingresa en el hospital en enero de 1912. Tiene una enfermedad cardíaca muy grave caracterizada por una peculiaridad en la respiración. Tiene tanta dificultad para respirar que solo puede dar pasos muy lentos y cortos. El médico que lo atiende, uno de nuestros mejores médicos, predice un problema rápido y fatal.

El inválido abandona el hospital en febrero, sin mejorar. Un amigo de su familia me lo trae y, cuando lo veo, lo considero un caso perdido. Sin embargo, lo hago pasar por los experimentos preliminares que resultan maravillosamente exitosos. Después de haberle hecho una sugestión y haberle aconsejado que hiciera lo mismo por sí mismo, le digo que vuelva en dos días. Cuando lo hace, veo, para mi asombro una notable mejoría en su respiración y en su andar. Renuevo la sugestión y dos días después, cuando regresa, la mejoría ha continuado, y así sucede en cada visita. Tan rápido es el progreso que tres semanas después de la primera visita, mi pequeño paciente puede ir a pie, junto a su madre a la meseta de Villers. Puede respirar con facilidad y casi normalmente, puede caminar sin quedarse sin aliento y puede subir las escaleras, lo que antes le resultaba imposible. Como la mejora se mantiene constante, el pequeño B ---- me pregunta si puede ir y quedarse con su abuela en Carignan. Como parece estar bien, le aconsejo que lo haga, y se va, pero de vez en cuando me envía noticias. Su salud está cada vez mejor, tiene buen apetito, digiere y asimila bien la comida y la sensación de opresión ha desaparecido por completo. No solo puede caminar como todos los demás, sino que incluso corre y persigue mariposas.

Al regresar en octubre casi no puedo reconocerlo, porque el pequeño y encorvado niño que me había dejado en mayo se ha convertido en un niño alto y erguido, cuya cara brilla con salud. Ha crecido 12 centímetros y ganado 19 libras de peso. Desde entonces ha vivido una vida perfectamente normal; sube y baja escaleras, monta en bicicleta y juega al fútbol con sus compañeros.

***

La señorita X ----, de Ginebra, 13 años. Dolor en el templo occipital considerado por varios médicos como de origen tuberculoso. Durante año y medio se ha negado a ceder a los diferentes tratamientos ordenados. La llevan a M. Baudouin, seguidor del señor Coué en Ginebra, que la trata por sugestión y le dice que regrese en una semana. Cuando ella regresa, el dolor ha sanado.

***

La señorita Z ----, también de Ginebra. Ha tenido la pierna derecha estirada durante 17 años, debido a un absceso por encima de la rodilla que tuvo que ser operado. Pide a M. Baudouin que la trate por sugestión, y casi no ha comenzado cuando la pierna puede doblarse o desdoblarse de manera normal. (Había, por supuesto, una causa psicológica en el caso).

***

La señora Urbain Marie, de 55 años, en Maxéville. Venas varicosas que datan de más de año y medio. Primera visita en septiembre de 1915 y una segunda semana más tarde. En quince días se ha curado completamente.

***

Emile Chenu, de 10 años, Grande-Rue, 19 (refugiado de Metz). Dolor desconocido en el corazón con endocarditis. Cada noche pierde sangre por la boca. Viene por primera vez en julio de 1915, y después de algunas visitas, la pérdida de sangre disminuye, y continúa haciéndolo hasta que a fines de noviembre ha cesado por completo. Parece que la endocarditis desaparece, y para agosto de 1916, no ha habido recaída.

***

El señor Hazot, de 48 años, que vive en Brin. Inválido desde el 15 de enero de 1915, con Bronquitis *específica*, que empeora cada día. Viene a verme en octubre de 1915. La mejora es inmediata y se ha mantenido desde entonces. Actualmente, aunque no está completamente curado, está mucho mejor.

***

El señor B ----, ha sufrido durante 24 años de sinusitis frontal, que ha requerido ¡once operaciones! A pesar de todo lo que se ha hecho, la sinusitis persiste, acompañada de dolores intolerables. El estado físico del paciente es en extremo lamentable. Tenía dolor violento y casi continuo, extrema debilidad; falta de apetito, no podía caminar, leer ni dormir, etc. Sus nervios estaban casi tan mal como su cuerpo y, a pesar del tratamiento de hombres como Bernheim de Nancy, Dejerine de París, Dubois de Berna, X_____ de Estrasburgo, su mala salud no solo continuó sino que empeoró cada día.

El paciente viene a verme en septiembre de 1915, por consejo de otro de mis pacientes. Desde ese momento avanzó rápidamente y en la actualidad (1921) se encuentra perfectamente bien. Es una verdadera resurrección.

***

El señor Nagengast, de 18 años, rue Sellier, 39. Sufre de la enfermedad de Pott. Viene a verme a principios de 1914, después de haber estado encerrado durante seis meses en un corsé de yeso. Viene regularmente dos veces a la semana a las "sesiones", y se hace la sugestión habitual mañana y tarde. La mejora pronto se muestra, y en poco tiempo el paciente puede prescindir de su revestimiento de yeso. Lo volví a ver en abril de 1916. Estaba completamente curado y cumplía con sus deberes como cartero, después de haber sido asistente de una ambulancia en Nancy, donde se quedó hasta que sus servicios ya no fueron requeridos.

***

El señor D ----, en Jarville. Parálisis del párpado superior izquierdo. Va al hospital donde recibe inyecciones, como resultado de lo cual se levanta el párpado. El ojo izquierdo, sin embargo, se desvía hacia afuera más de 45 grados, y parecía necesaria una operación. Fue en este momento que vino a verme, y gracias a la autosugestión, el ojo volvió poco a poco a su posición normal.

***

La señora L_____, de Nancy. Dolor continuo en el lado derecho de la cara, que se prolongó durante 10 años. Ha consultado a muchos médicos cuyas recetas resultan inútiles, y se considera necesaria una operación. La paciente viene a verme el 25 de julio de 1916, y hay una mejora inmediata. En unos diez días, el dolor se desvaneció por completo, y hasta el 20 de diciembre no hubo recurrencia.

***

Maurice, de 8 años y medio, de Nancy. Pies deformes. Una primera operación cura, o casi cura, el pie izquierdo, mientras que el derecho permanece lisiado. Dos operaciones posteriores no sirven. Traen al niño por primera vez en febrero de 1915. Camina bastante bien, gracias a dos artefactos que mantienen sus pies rectos. A la primera visita le sigue una mejora inmediata, y después de la segunda, el niño puede caminar con botas normales. La mejora se hace cada vez más marcada, el 17 de abril el niño está bastante bien. El pie derecho, sin embargo, ahora no está tan fuerte como antes, debido a un esguince en febrero de 1916.

***

La señorita X ----, de Blainville. Llaga en el pie izquierdo, probablemente de origen específico. Un leve esguince ha provocado hinchazón del pie acompañada de dolores agudos. Diferentes tratamientos solo han tenido un efecto negativo, y en poco tiempo aparece una llaga supurativa que parece indicar caries en el hueso. Caminar se vuelve cada vez más doloroso y difícil a pesar del tratamiento.

Siguiendo el consejo de una paciente anterior que se había curado, vino a verme y se notó un gran alivio después de las primeras visitas. Poco a poco la hinchazón disminuye, el dolor se vuelve menos intenso, la supuración disminuye y, finalmente, el dolor se cura. El proceso ha tardado unos meses. En la actualidad, el pie está prácticamente normal, pero aunque el dolor y la hinchazón han desaparecido por completo, la flexión posterior del pie aún no es perfecta, lo que hace que la paciente cojee ligeramente.

***

La señora R ----, de Chavigny. Metritis que data de hace diez años. Llega a fines de julio de 1916. La mejora es inmediata, el dolor y la pérdida de sangre disminuyen rápidamente y, hasta el 29 de septiembre siguiente, ambos han desaparecido. Su período menstrual, que duraba de ocho a diez días, ahora se reduce a cuatro.

***

La señora H_____ de la rue Guilbert-de-Pivérécourt, en Nancy, 49 años. Sufre de una úlcera varicosa que data de septiembre de 1914, la cual se ha tratado de acuerdo con el consejo de su médico, pero sin éxito. La parte inferior de la pierna es enorme (la úlcera, tan grande como una moneda de dos francos y se extiende hasta el hueso, está situada sobre el tobillo). La inflamación es muy intensa, la supuración abundante y los dolores extremadamente violentos. La paciente llega por primera vez en abril de 1916, y la mejora que es visible después del primer tratamiento, continúa sin interrupción. Para el 18 de febrero de 1917, la hinchazón ha *disminuido por completo,* y el dolor y la irritación han desaparecido. La llaga todavía está allí, pero no es más grande que un guisante y solo tiene unos pocos milímetros de profundidad. Todavía descarga muy ligeramente. Para 1920, está completamente curada.

***

Señorita D ----, de Mirecourt, 16 años de edad. Ha sufrido ataques de nervios durante tres años. Los ataques, al principio poco frecuentes, se han producido gradualmente a intervalos más cercanos. Cuando vino a verme el 1 de abril de 1917, había tenido tres ataques en la quincena anterior. Hasta el 18 de abril no había tenido ninguno. Puedo añadir que esta joven, desde el momento en que inició el tratamiento, ya no fue afectada por los dolores de cabeza que sufría casi constantemente.

***

La señora M____, 43 años, rue d'Amance, 2, Malzéville. Llega a fines de 1916 por violentos dolores de cabeza por los que ha sufrido toda su vida. Después de algunas visitas desaparecen por completo. Dos meses después, se dio cuenta de que también se había curado de un prolapso del útero que no me había mencionado y en el que no pensaba cuando hizo la autosugestión. (Este resultado se debe a las palabras: *"en todos los aspectos"* que figuran en la fórmula utilizada mañana y tarde).

***

La señora D____, Choisy-le-Roi. Solo una sugestión general de mi parte en julio de 1916, y autosugestión por su parte mañana y tarde. En octubre del mismo año, esta señora me dice que está curada de un prolapso del útero que había sufrido durante más de veinte años. Hasta abril de 1920, la curación se mantiene. (Mismo comentario que en el caso anterior).

***

La señora Jousselin, de 60 años, rue des Dominicains, 6. Viene el 20 de julio de 1917 por un dolor violento en la pierna derecha, acompañado de una hinchazón considerable de toda la extremidad. Solo puede arrastrarse con gemidos, pero después de la "sesión", para su gran asombro, puede caminar *normalmente* sin sentir el menor dolor. Cuando regresa cuatro días después, el dolor no ha regresado y la hinchazón ha disminuido. La paciente me dice que desde que asistió a las "sesiones" también se curó de las *descargas blancas* y de la enteritis que había sufrido durante mucho tiempo. (Mismo comentario que arriba.) A noviembre la curación se mantiene.

***

La señorita GL _____, de 15 años, rue du Montet, 88. Ha tartamudeado desde la infancia. Llega el 20 de julio de 1917, y el tartamudeo cesa al instante. Un mes después la volví a ver y no tuvo recurrencia.

***

El señor Eugène Ferry, 60 años, rue de la Côte, 56. Durante cinco años ha sufrido dolores reumáticos en los hombros y en la pierna izquierda. Camina con dificultad apoyándose en un bastón y no puede levantar los brazos por encima de los hombros. Llega el 17 de septiembre de 1917. Después de la primera "sesión", los dolores desaparecen por completo y el paciente no solo puede dar largos pasos sino también *correr*. Aún más, puede girar ambos brazos como un molino de viento. En noviembre, la curación aún se mantiene.

***

La señora Lacour, 63 años, chemin des Sables. Dolores en la cara que datan de hace más de veinte años. Todos los tratamientos han fallado. Se aconseja una operación, pero la paciente se niega a someterse a ella. Viene por primera vez el

25 de julio de 1916, y cuatro días después, el dolor cesa. La curación se ha mantenido hasta el día de hoy.

***

La señora Martin, Grande-Rue (Ville-Vieille), 105. Inflamación del útero desde hace 13 años, acompañada de dolores y descargas blancas y rojas. Menstruación muy dolorosa se repite cada 22 o 23 días y dura de 10 a 12 días. Viene por primera vez el 15 de noviembre de 1917 y regresa regularmente cada semana. Hay una mejora visible después de la primera visita, que continúa rápidamente. Hasta principios de enero de 1918, la inflamación ha desaparecido por completo; su período le viene a intervalos más regulares y sin el menor dolor. También se curó de un dolor en la rodilla que había tenido durante 13 años.

***

La señora Castelli, de 41 años, de Einville. Dolores reumáticos intermitentes en la rodilla derecha durante 13 años. Hace cinco años tuvo un ataque más violento de lo normal, la pierna se inflamó al igual que la rodilla, y luego se atrofió la parte inferior de la extremidad. La paciente quedó reducida a caminar muy dolorosamente con la ayuda de un bastón o muleta. Vino a verme por primera vez el 5 de noviembre de 1917. Se va *sin la ayuda de una muleta o un bastón*. Desde entonces, ya no usa su muleta, pero ocasionalmente usa su bastón. El dolor en la rodilla vuelve de vez en cuando, pero solo muy ligeramente.

***

La señora Meder, de 52 años, de Einville. Durante seis meses ha sufrido dolor en la rodilla derecha acompañado de hinchazón, lo que le hace imposible doblar la pierna. Llega por primera vez el 7 de diciembre de 1917. Regresa el 4 de enero de 1918, diciendo que casi ha dejado de sufrir y que puede caminar normalmente. Después de esa visita del 4, el dolor cesa por completo y la paciente camina como otras personas.

LA EDUCACIÓN COMO DEBERÍA SER.

Aunque pueda parecer paradójico, la educación de un niño debe comenzar antes de su nacimiento.

La sobria verdad es que si una mujer, pocas semanas después de la concepción, hace una imagen mental del sexo del niño que va a traer al mundo, de las cualidades físicas y morales con las que desea verlo dotado y si continua durante el tiempo de gestación imprimiendo en sí misma la misma imagen mental, el niño tendrá el sexo y las cualidades deseadas.

Las mujeres espartanas solo engendraban hijos robustos, que se convertían en guerreros temibles, porque su mayor deseo era entregar tales héroes a su país; mientras, en Atenas, las madres tenían hijos intelectuales cuyas cualidades mentales eran cien veces más grandes que sus atributos físicos.

El niño así engendrado podrá aceptar fácilmente las buenas sugestiones que se le puedan hacer y transformarlas en autosugestión que más tarde influirá en el curso de su vida. Tú debes saber que todas nuestras palabras, todos nuestros actos, son solo el resultado de autosugestiones causadas, en su mayor parte, por la sugestión por ejemplo o por la palabra.

Entonces, ¿cómo deben los padres, y los encargados de la educación de los niños, evitar provocar autosugestiones incorrectas y, por otro lado, influir en buenas autosugestiones?

En el trato con los niños, siempre manten un temperamento neutral y habla en un tono suave pero firme. De esta manera, los niños obedecerán sin tener el menor deseo de resistir a la autoridad.

Sobre todo, ¡sobre todo!, evita la dureza y la brutalidad, ya que se corre el riesgo de influir una autosugestión de crueldad acompañada por odio.

Además, evita cuidadosamente, en presencia de ellos, hablar mal de nadie, como sucede con demasiada frecuencia, cuando, sin intención deliberada, la enfermera ausente es "despedazada" en el salón. Inevitablemente, este ejemplo fatal será seguido, y puede producir más tarde una verdadera catástrofe.

Despierta en los niños el deseo de conocer la razón de las cosas y el amor por la naturaleza, e intenta interesarlos dando todas las explicaciones posibles de manera muy clara, en un tono alegre y de buen carácter. Responde a sus preguntas de manera agradable, en lugar de evitarlas con: "¡Qué molestia eres! ¡Quédate tranquilo, más adelante lo aprenderás!".

Nunca, bajo ninguna circunstancia, le digas a un niño, "eres un perezoso y bueno para nada" porque eso da a luz en él las faltas de las que lo acusas.

Si un niño es perezoso y hace mal sus tareas, deberías decirle un día, aunque no sea cierto: "Esta vez tu trabajo es mucho mejor de lo que generalmente es. Bien hecho".

El niño, halagado por un elogio no acostumbrado, sin duda trabajará mejor la próxima vez y, poco a poco, gracias a este aliento, logrará convertirse en un verdadero trabajador.

A toda costa, evite hablar de enfermedades delante de los niños, ya que sin duda esto les creará malas autosugestiones. Enséñales, por el contrario, que la salud es el estado normal del ser humano y que la enfermedad es una anomalía, una especie de retroceso que puede evitarse viviendo de una manera temperada y regular.

No crees defectos en ellos enseñándoles a temer esto o aquello, el frío o el calor, la lluvia o el viento, etc. El ser humano está creado para soportar tales variaciones sin sufrir lesiones y debe hacerlo sin quejarse.

No pongas nervioso al niño llenando su mente con historias de duendes y lobos, ya que siempre existe el riesgo de que la timidez que se contrae en la infancia persista más adelante.

Es necesario que aquellos que no crían a sus hijos por sí mismos, elijan cuidadosamente a aquellos a quienes se los confían. Que los amen no es suficiente, deben tener las cualidades que deseas que tus hijos posean.

Despierta en ellos el amor por el trabajo y el estudio, haciéndolo más fácil explicando las cosas con cuidado y de manera agradable, e introduciendo en la explicación alguna anécdota que hará que el niño esté ansioso por la siguiente lección.

Sobre todo, impresiona en ellos que el Trabajo es esencial para el ser humano, y que el que no trabaja de una manera u otra, es una criatura inútil y sin valor, y que todo el trabajo produce en la persona que se dedica a él una sana y profunda satisfacción; mientras que la ociosidad, tan deseada y anhelada por algunos, produce fatiga, neurastenia, disgusto hacia la vida y lleva a quienes no poseen los medios para satisfacer las pasiones creadas por la ociosidad, al libertinaje e incluso al crimen.

Enseña a los niños a ser siempre educados y amables con todos, y particularmente con aquellos a quienes la "suerte" al nacer los ha colocado en una clase más baja que la tuya, y también a respetar la edad, y a nunca burlarse de los defectos físicos o morales que la edad a menudo produce.

Enséñales a amar a toda la humanidad, sin distinción de casta. Que uno siempre debe estar listo para socorrer a aquellos que necesitan ayuda, y que nunca debe temer gastar tiempo y dinero en aquellos que lo necesitan; en resumen, que deben pensar más en los demás que en ellos mismos.

Al hacerlo, se experimenta una satisfacción interna que el egoísta busca y nunca encuentra.

Desarrolla en ellos la confianza en sí mismos y enséñales que, antes de embarcarse en cualquier tarea, esta debe ser sometida al control de la razón, evitando así actuar impulsivamente; y que, después de haber razonado el asunto, uno debe tomar una decisión y apegarse a ella, a menos que algún hecho nuevo demuestre que uno puede haberse equivocado.

Enséñales sobre todo que cada persona debe establecerse en la vida con una idea muy clara de que tendrá éxito, y que, bajo la influencia de esta idea, inevitablemente tendrá éxito.

No es que debe permanecer tranquilo esperando que las cosas pasen, sino que, impulsado por esta idea, hará todo lo que sea necesario para que ésta se convierta en realidad.

Él sabrá cómo aprovechar las oportunidades, o incluso aprovechar quizás la única oportunidad que pueda presentarse --incluso si es un solo hilo o cabello--, mientras que el que desconfía de sí mismo es un Constant Guignard quien con nada tiene éxito, porque sus esfuerzos son todos dirigidos a ese fin.

Tal persona puede, de hecho, nadar en un océano de oportunidades, con cabellos tan largos como el propio Absalón, y no podrá agarrar un solo cabello; y a menudo será el mismo determinante en las causas que lo hacen fracasar.

Por otra parte quien tiene la idea del éxito dentro de sí mismo, a menudo da a luz, de forma inconsciente, a las circunstancias que producen ese mismo éxito.

Pero sobre todo, que los padres y maestros prediquen con el ejemplo. Un niño es extremadamente sugestivo, y si aparece algo que desea hacer, lo hace.

Tan pronto como los niños puedan hablar, hágalos repetir mañana y noche, veinte veces consecutivas:

"Cada día, en todos los aspectos, estoy mejor y mejor", lo que producirá en ellos una excelente y saludable atmósfera física y moral.

Si haces la siguiente sugestión, ayudarás al niño enormemente a eliminar sus faltas y a despertar en él las cualidades deseables correspondientes:

Cada noche, cuando el niño esté dormido, acércate en silencio, para no despertarlo, a más o menos un metro de distancia de su cama. Quédate allí, murmurando en voz baja y monótona la cosa o las cosas que deseas que haga.

Finalmente, es deseable que todos los maestros, cada mañana, hagan sugestiones a sus alumnos, más o menos de la siguiente manera. Diciéndoles que cierren los ojos, deben decir: "Niños, espero que siempre sean educados y amables con todos, y que obedezcan a sus padres y maestros, cuando les den una orden o les digan algo; siempre escucharán la orden dada o el hecho dicho sin considerarlo un fastidio; ustedes solían pensar que era fastidioso cuando se le recordaba algo, pero ahora comprenden que las cosas se les dicen para su bien y, en consecuencia, en lugar de enfadarse con quienes se las dicen, ahora les estarán agradecidos.

"Además, ahora amarán su trabajo, sea lo que sea; en sus lecciones, siempre disfrutarán de las cosas que deban aprender, especialmente las cosas que hasta ahora no les han gustado.

"Además, cuando el maestro esté dando una lección en clase, ahora le dedicarán toda su atención, de forma exclusiva y completa a lo que él dice, en lugar de prestar atención a las bromas que sus compañeros dicen o hacen, y sin hacer ni decir nada tonto.

"Bajo estas condiciones, como todos ustedes son inteligentes, pues, niños, todos ustedes son inteligentes, entenderán fácilmente y recordarán fácilmente lo que han aprendido. Esto permanecerá en su memoria, listo para servirles, y podrán hacer uso de ello cuando lo necesiten.

"De la misma manera, cuando estén trabajando solos en sus lecciones o en su casa, cuando estén haciendo una tarea o estudiando una lección, fijarán su atención únicamente en el trabajo que están realizando y siempre obtendrán buenas calificaciones".

Este Consejo, si se sigue fiel y verdaderamente desde ahora, producirá una raza humana dotada de las más altas cualidades físicas y morales.

Emile Coué.

CÓMO SON LAS "SESIONES" EN EL CONSULTORIO DEL SEÑOR COUÉ

La ciudad se emociona con este nombre, porque de todos los rangos de la sociedad la gente viene a verle y todos son bienvenidos con la misma benevolencia, lo que ya es importante.

Pero lo que es extremadamente conmovedor es, al final de la sesión, ver las personas que vinieron tristes, inclinadas, casi hostiles (pues sufrían de dolor) irse, como todos los demás; sin restricciones, alegres, a veces radiantes (¡¡ya no tienen dolor !!).

Con una gran bondad y una sonrisa de la que guarda el secreto, el señor Coué tiene en sus manos, por así decirlo, el corazón de quienes lo consultan. Se dirige a las numerosas personas que vienen a consultarlo, hablándoles en estos términos:

"Bueno, señora, ¿y cuál es su problema? ... Oh, está buscando demasiados por qué, demasiadas razones. ¿Qué importa la causa de su dolor? Tiene dolor, eso es suficiente... Le enseñaré a deshacerse de eso. ...

***

Y usted, señor, su úlcera varicosa ya está mejor. Eso es bueno, muy bueno, sabe, considerando que solo ha estado aquí dos veces; le felicito por el resultado obtenido. Si continúa haciendo sus autosugestiones, muy pronto estará curado. ... ¿Ha tenido esta úlcera durante diez años, me dice? ¿Qué importa? Podría haberla tenido por veinte o más, y podría curarse de la misma manera.

***

¿Y dice que no ha conseguido ninguna mejora? ... ¿Sabe por qué? ... Simplemente porque le falta confianza en sí mismo. Cuando le digo que usted está mejor, se siente mejor,

¿verdad? ¿Por qué? Porque tiene fe en mí. Solo necesita creer en usted mismo y obtendrá el mismo resultado.

***

¡Oh, señora, no me de tantos detalles, se lo ruego! Al estar tratando de descubrir todos esos detalles, usted los crea y necesitaría una lista de un metro de largo para listar todos tus males. De hecho, con usted lo que está mal es la perspectiva mental. Bueno, decida que va a mejorar y así será. Es tan simple como el evangelio. . . .

***

Me dice que tiene ataques de nervios cada semana. . . . Bueno, desde hoy hará lo que le digo y dejará de tenerlos. . . .

***

¿Ha sufrido estreñimiento durante mucho tiempo? . . . ¡Qué importa cuánto tiempo sea! . . . ¿Son cuarenta años? Sí, lo escuché, no obstante, es cierto que puedes curarse mañana; ¿me escucha?, ¡mañana! A condición, naturalmente, de que haga exactamente lo que le digo que haga, de la manera que le digo que lo haga. . . .

***

¡Ah! Tiene glaucoma, señora. No puedo prometer absolutamente curarla de eso, porque no estoy seguro de poder hacerlo. Eso no significa que no se pueda curar, porque sé que sucedió en el caso de una dama de Chalon-sur-Saône y de otra de Lorraine (Lorena).

***

Bueno, señorita, ya que desde que vino aquí no ha tenido los ataques nerviosos que solía tener todos los días, está curada. En todo caso, vuelva a veces, para que pueda seguir en la dirección correcta.

***

El sentimiento de opresión desaparecerá con las lesiones que desaparecerán cuando asimile adecuadamente; eso pasará a su debido tiempo, pero no debe poner el carro delante del caballo. . . Pasa lo mismo con la opresión que con los problemas cardíacos, generalmente disminuye muy rápidamente. . . .

***

La sugestión no le impide continuar con su tratamiento habitual. . . . En cuanto a la mancha que tiene en el ojo, y que disminuye casi a diario, la opacidad y el tamaño se hacen menores cada día.

***

A un niño (con voz clara y asertiva): "Cierra los ojos, no voy a hablarte sobre lesiones o cualquier otra cosa, no lo entenderías; el dolor en tu pecho desaparecerá y ya no querrás toser más ".

Observación. Es curioso observar que todos los que sufren de bronquitis crónica se alivian de inmediato y sus síntomas mórbidos desaparecen rápidamente. . . . Los niños, son sujetos muy fáciles y muy obedientes; su organismo casi siempre obedece inmediatamente a la sugestión.

***

Para una persona que se queja de fatiga:

Bueno, yo también. También hay días en que me cansa recibir a las personas, pero igualmente las recibo a todas y durante todo el día. No digas: *"No puedo evitarlo"*. Recuerda que uno siempre puede superarse a sí mismo.

Observación. La idea de fatiga necesariamente trae fatiga, y la idea de que tenemos un deber que cumplir siempre nos da la fuerza necesaria para cumplirlo. La mente puede y debe seguir siendo amo del lado animal de nuestra naturaleza.

***

La causa que le impide caminar, sea lo que sea, va a desaparecer poco a poco cada día: usted conoce el proverbio: el *cielo ayuda a los que se ayudan a sí mismos*. Levántese dos o tres veces al día apoyándose en dos personas y repítase firmemente: *Mis riñones no están tan débiles que no puedo hacerlo, al contrario sí puedo*. . . .

***

Después de haber dicho: "Cada día, en todos los aspectos, estoy mejor y mejor", agregue: "Las personas que me persiguen *no pueden p*erseguirme más; ya no me persiguen..."

***

Lo que le dije es bastante cierto; fue suficiente pensar que usted ya no tenía más dolor para que el dolor desapareciera; *No piense entonces que "podría volver", o volverá*. . . .

***

(Una mujer, en voz baja, "¡Qué paciencia tiene él! ¡Qué hombre tan maravillosamente escrupuloso!")

***

TODO LO QUE CREEMOS SE HACE VERDADERO PARA NOSOTROS. NO DEBEMOS ENTONCES PERMITIRNOS PENSAR DE MANERA INCORRECTA.

***

PIENSA "MI PROBLEMA SE ESTÁ YENDO", IGUAL QUE CREE QUE NO PUEDES ABRIR TUS MANOS.

Cuanto más digas: *"No lo haré"*, más seguramente *ocurrirá lo* contrario. Debes decir: *"Se está yendo"*, y piensa en esto. Cierra la mano y piensa correctamente: "Ahora no puedo abrirla". ¡Trata! (no puede). Como puedes ver tu voluntad no es muy buena para ti.

Observación. Este es el punto esencial del método. Para hacer autosugestiones, debes eliminar completamente la voluntad y sólo dirigirte a la *imaginación,* para evitar un conflicto entre ellas en el que la voluntad sea vencida.

***

Hacerse más fuerte a medida que uno envejece parece paradójico, pero es cierto.

***

Para la diabetes:

Continúe utilizando tratamientos terapéuticos. Estoy dispuesto a hacerle sugestiones, pero no puedo prometer curarla.

Observación. He visto varias veces curarse la diabetes completamente, y lo que es aún más extraordinario, la albúmina disminuye e incluso desaparece de la orina de ciertos pacientes.

***

Esta obsesión debe ser una verdadera pesadilla. Las personas que usted solía detestar se están convirtiendo en sus amigos y le gustan, y usted les gusta.

***

Ah, pero tener la voluntad de hacer tal cosa, y desear, no son lo *mismo.*

***

Luego, después de haberles pedido que cerraran los ojos, el Sr. Coué da a sus pacientes el pequeño y sugerente discurso que se encuentra en este libro. Cuando termina, nuevamente se dirige a cada uno por separado, diciendo a cada uno unas pocas palabras sobre su caso:

Al primero: "Usted, señor, tiene dolor, pero le digo que, a partir de hoy, la causa de este dolor, ya se llame artritis o cualquier otra cosa, desaparecerá con la ayuda de su inconsciente. Una vez que la causa haya desaparecido, el dolor se irá reduciendo gradualmente y en poco tiempo no será más que un recuerdo ".

A la segunda persona: "Su estómago no funciona correctamente, está más o menos dilatado. Bueno, como le dije hace un momento, sus funciones digestivas funcionarán cada vez mejor, y agrego que la dilatación del estómago va a desaparecer poco a poco. Su organismo devolverá progresivamente a su estómago la fuerza y la elasticidad que ha perdido, y poco a poco, a medida que se produce este fenómeno, el estómago volverá a su forma original y ejecutará cada vez más fácilmente los movimientos necesarios para pasar al intestino la nutrición que contiene. Al mismo tiempo, la bolsa formada por el estómago relajado disminuirá de tamaño, la nutrición ya no se estancará en esta bolsa y, en consecuencia, la fermentación terminará desapareciendo totalmente".

Al tercero: "A usted, señorita, le digo que independientemente de las lesiones que pueda tener en su hígado, su organismo está haciendo lo necesario para hacer que las lesiones desaparezcan cada día, y poco a poco, a medida que se curen, los síntomas de los que sufre irán disminuyendo y desapareciendo. El hígado funciona de una manera cada vez más normal, la bilis que secreta es alcalina y ya no es ácida, y en la cantidad y calidad adecuadas, de modo que pasa naturalmente a los intestinos y ayuda a la digestión intestinal."

Al cuarto: "Hija mía, escucha lo que te digo; cada vez que sientas que vas a tener un ataque, escucharás mi voz que te dice tan rápido como un rayo: '¡No, no! amiga mía, no vas a tener ese ataque', y desaparecerá antes de llegar ... ".

A la quinta, etc., etc.

Cuando todo el mundo ha sido atendido, el señor Coué dice a los presentes que abran sus ojos, y añade:

"Han escuchado los consejos que acabo de darles. Bueno, para transformarlos en realidad, lo que hay que hacer es lo siguiente: *Mientras vivan*, cada mañana antes de levantarse y cada noche, tan pronto como estén en la cama, deben cerrar los ojos para concentrar su atención y repetir veinte veces más, moviendo sus *labios* (eso es indispensable) y contando *mecánicamente* en una cuerda con veinte nudos (tipo rosario), la siguiente frase: *"Cada día, en todos los aspectos, estoy mejor, mejor y mejor"*.

No es necesario pensar en nada en particular, ya que las palabras *"en todos los aspectos" se* aplican a todo. Esta autosugestión debe hacerse con confianza, con fe, con la certeza de obtener lo que se desea. Cuanto mayor sea la convicción de la persona, mayor y más rápido serán los resultados obtenidos.

Además, cada vez que, durante el día o la noche, sientan alguna molestia física o mental, *afírmense* que no contribuirán conscientemente a ella y que la harán desaparecer; luego, aíslense lo más posible, y pasen la mano por la frente si es algo mental, o en cualquier parte que haya dolor si es algo físico, repitan *muy rápido,* moviendo los labios, las palabras:

"Se va, se va ..., etc. "

por tanto tiempo como sea necesario. Con un poco de práctica, la molestia mental o física desaparecerá en unos 20 a 25 segundos. Comiencen de nuevo cada vez que sea necesario.

Para esto, así como para las otras autosugestiones, es necesario actuar con la misma confianza, la misma convicción, la misma fe y, sobre todo, sin esfuerzo.

El señor Coué también agrega lo siguiente: "Si antes se permitieron hacer autosugestiones erróneas porque lo hicieron inconscientemente, ahora que saben lo que les acabo de enseñar, no deben dejar que esto suceda. Y si, a pesar de todo, todavía lo hacen, solo deben acusarse y decir *'Mea culpa, mea maxima culpa'*".

****

Y ahora, si un admirador agradecido de la obra y del fundador del método puede decir algunas palabras, las diré.

"El Señor Coué nos muestra luminosamente que el poder para obtener salud y felicidad está dentro de nosotros: de hecho, hemos recibido este regalo.

"Por lo tanto, suprimiendo, en primer lugar, todas las causas de sufrimiento *creadas o alentadas por nosotros mismos,* luego pongamos en práctica la máxima favorita de Sócrates: "Conócete a ti mismo" y el consejo del Papa: "Que yo no rechace ninguno de los beneficios que Tu bondad me otorga", tomemos posesión de todo el beneficio de la autosugestión, y hagámonos desde hoy miembros de la "Sociedad de Psicología Aplicada de Lorraine". Hagamos miembros de ella a todos quienes puedan estar a nuestro cuidado (es una buena acción para ellos).

De esta manera seguiremos ante todo el gran movimiento del futuro del cual el señor Emile Coué es el originador (le dedica sus días, sus noches, sus bienes terrenales y se niega a aceptar ... pero ya no digamos nada más, no sea que su modestia se niegue a permitir que estas líneas se publiquen sin alteración), pero sobre todo por este medio sabremos exactamente los días y las horas de sus conferencias en París, Nancy y otras ciudades, donde se dedica a sembrar la buena semilla, y adonde podemos ir también para verlo, escucharlo y consultarlo personalmente, y con su ayuda, despertar o activar en nosotros mismos el poder personal que cada uno ha recibido para ser feliz y estar bien.

Permítanme agregar que cuando el Sr. Coué ha cobrado la entrada a sus conferencias, ha recogido miles de francos para discapacitados y otros que han sufrido a través de la guerra.

E. Vs ---- oer.

EXTRACTOS DE CARTAS DIRIGIDAS AL SEÑOR COUÉ

Los resultados finales del Certificado secundario de inglés solo tienen dos horas de haberse publicado, y me apresuro a informarle, al menos en lo que a mí respecta.

Pasé la prueba hablada *con gran éxito,* y apenas sentí rastro del nerviosismo que solía causarme una sensación tan intolerable de náuseas antes de los exámenes. Durante el último quedé asombrado de mi propia calma, lo que dio a quienes me escucharon la impresión de una perfecta serenidad de mi parte. En resumen, fueron las pruebas que más temía las que más contribuyeron a mi éxito. El jurado me colocó en segundo lugar, y le estoy infinitamente agradecido por su ayuda, la cual sin duda me dio una ventaja sobre los otros candidatos... etc. Mlle. V ----, *Maestra de escuela, agosto de* 1916.

(El caso es el de una joven que, a causa de un nerviosismo excesivo, había fracasado en 1915. Habiendo desaparecido el nerviosismo bajo la influencia de la autosugestión, pasó con éxito, ocupando el segundo lugar entre más de 200 competidores.)

***

Le escribo para agradecerle muy sinceramente el gran beneficio que he recibido de su método. Antes de acudir a usted, tenía la mayor dificultad para caminar 100 metros, sin quedarme sin aliento, mientras que ahora puedo recorrer kilómetros sin fatiga. Varias veces al día y con bastante facilidad, puedo caminar en 40 minutos la distancia desde la rue du Bord-de-l'Eau hasta la rue des Glacis, es decir, casi cuatro kilómetros. El asma que sufría ha desaparecido casi por completo. Muy cordialmente. Paul Chenot, *Rue de Strasbourg,* 141 *Nancy, agosto de* 1917.

***

No sé cómo darle las gracias. Gracias a usted, puedo decir que estoy casi completamente curado, y solo estaba esperando estarlo para expresarle mi gratitud. Sufría de dos úlceras varicosas, una en cada pie. La del pie derecho, que era *tan grande como mi mano,* está completamente curada. Pareció desaparecer por arte de magia. Durante semanas había estado confinado en mi cama, pero casi inmediatamente después de recibir su carta, la úlcera se curó, de manera que pude levantarme. La del pie izquierdo todavía no está completamente curada, pero pronto lo estará. Mañana y tarde recito, y siempre lo haré, la fórmula prescrita, en la que tengo total confianza. También puedo decir que mis piernas estaban tan duras como piedras y que no podía soportar el menor contacto. Ahora puedo presionarlas sin el menor dolor, y una vez más puedo caminar, que es la mayor alegría. Madame Ligny, *Mailleroncourt-Charette (Haute Saône), mayo,* 1918.

NB: Es digno de destacar que esta señora nunca vio al señor Coué, y que sólo gracias a una carta que él le escribió el 15 de abril, obtuvo el resultado anunciado en su carta de mayo.

***

Escribo para expresar mi gratitud, porque gracias a usted he escapado al riesgo de una operación que siempre es muy peligrosa. Puedo decir más: usted ha salvado mi vida, ya que su método de autosugestión hizo por sí solo lo que todas las medicinas y tratamientos prescritos para la terrible obstrucción intestinal que sufrí durante 19 días no habían logrado. Desde el momento en que seguí sus instrucciones y apliqué sus excelentes principios, mis funciones se han realizado de forma bastante natural. Madame S ----, *Pont à Mousson, febrero,* 1920.

***

No sé cómo agradecerle por mi felicidad al curarme. Durante más de 15 años había sufrido ataques de asma, que me causaban las sofocaciones más dolorosas cada noche. Gracias a su método espléndido, y, sobre todo, desde que estuve presente en una de sus sesiones, los ataques desaparecieron como por arte de magia. Es un verdadero milagro, porque los médicos que me atendieron declararon que no había cura para el asma. Madame V ----, *Saint-Dié, febrero,* 1920.

***

Le escribo para agradecerle con todo mi corazón el haberme enseñado este nuevo método terapéutico, un instrumento maravilloso que parece actuar como la varita mágica de un hada, ya que, gracias a los medios más simples, produce los resultados más extraordinarios. Desde el principio me interesaron mucho sus experimentos, y después de mi propio éxito personal con su método, comencé a aplicarlo ardientemente, pues me he convertido en un entusiasta partidario de ello. Doctor Vachet, *Vincennes, mayo,* 1920.

***

Durante 8 años he sufrido de prolapso del útero. He utilizado su método de autosugestión durante los últimos cinco meses y ahora estoy completamente curada, por lo que no sé cómo agradecerle lo suficiente. Madame Soulier, *Place du Marchè Toul, mayo,* 1920.

***

He sufrido terriblemente y sin tregua durante 11 años. Todas las noches tenía ataques de asma y también sufría de insomnio y debilidad general que me impedía cualquier ocupación. Mentalmente, estaba deprimida, inquieta, preocupada, e inclinada a hacer montañas de pequeñas colinas. Había seguido sin éxito muchos tratamientos, y en

Suiza incluso me removieron el cornete de la nariz sin obtener ningún alivio. En noviembre de 1918 empeoré a consecuencia de un gran dolor. Mientras mi esposo estaba en Corfú (como oficial en un buque de guerra), perdí a nuestro único hijo en seis días a causa de la influenza. Un niño encantador, de diez años, que era la alegría de nuestra vida. Sola y abrumada por el dolor, me reproché amargamente por no haber podido proteger y salvar nuestro tesoro. Quería perder la razón o morir... Cuando mi esposo regresó (que no fue hasta febrero), me llevó a un nuevo médico que me ordenó varios remedios y acudir a las aguas curativas del Mont-Dore. Pasé el mes de agosto en esa estación, pero a mi regreso tuve una recaída del asma, y me di cuenta con desesperación de que *"en todos los aspectos"* me estaba poniendo peor y peor.

Fue entonces cuando tuve el placer de conocerle. Sin esperar mucho, debo decirlo, asistí a sus conferencias de octubre, y me complace decirle que para fines de noviembre ya estaba curada. El insomnio, los sentimientos de opresión, los pensamientos sombríos, desaparecieron como por arte de magia, y ahora estoy bien, fuerte y llena de valor. Con la salud física he recuperado mi equilibrio mental y, salvo por la imborrable herida causada por la pérdida de mi hijo, podría decir que estoy perfectamente feliz. ¿Por qué no le conocí antes? Mi hijo habría conocido a una madre alegre y valiente. Gracias una y otra vez, señor Coué. Muy cordialmente, E. Itier, *Rue de Lille, París, abril,* 1920.

***

Ahora puedo retomar la lucha que he sostenido durante 30 años y que me había agotado.

Encontré en usted el pasado agosto una ayuda maravillosa y providencial. Al volver a casa a Lorraine por unos días, enferma, y con el corazón lleno de dolor, temí la conmoción que sentiría al ver las ruinas y la angustia... Y me fui consolada y con buena salud. Estaba al final de mi cuerda, y desafortunadamente no soy religiosa. Deseaba encontrar a alguien que pudiera ayudarme, y al conocerle por casualidad en la casa de mi prima, usted me dio la ayuda que buscaba. Ahora puedo trabajar con un nuevo espíritu, sugiriendo a mi inconsciente que restablezca mi equilibrio físico, y no dudo que recuperaré mi buena salud anterior. Ya he visto una mejoría notable, y comprenderá mejor mi gratitud cuando le diga que, padeciendo diabetes con una complicación renal, había tenido varios ataques de glaucoma, pero ahora mis ojos están recuperando su agilidad. Desde entonces, mi vista se ha vuelto casi normal y mi salud general ha mejorado mucho. Mlle. Th___, *profesora en el Young Ladies 'College en Ch___, Enero 1920.*

***

Defendí mi tesis con éxito, y obtuve la calificación más alta y las felicitaciones del jurado. De todos estos "honores" una gran parte le pertenece a usted, y no lo olvido. Solo lamenté que no estuviera presente para escuchar como su nombre era mencionado con un cálido y simpático interés por parte del distinguido jurado. Puede considerar que las puertas de la Universidad se han abierto de par en par a sus enseñanzas. No me lo agradezca, porque le debo mucho más de lo que usted podría deberme. Charles Baudouin, *profesor del Instituto J.J. Rousseau, Ginebra.*

***

. . . Admiro su valentía y estoy seguro de que ayudará a dirigir a muchos amigos en una dirección útil e inteligente. Confieso que personalmente me he beneficiado de su enseñanza y he hecho que mis pacientes también lo hagan.

En el asilo de ancianos, tratamos de aplicar su método de forma colectiva, y ya hemos obtenido resultados visibles de esta manera. Doctor Berillon, *París, marzo, 1920.*

***

... He recibido su amable carta, así como su interesante conferencia.

Me alegra ver que hace una conexión racional entre *hetero y autosugestión*, y noto particularmente el pasaje en el que dice que la voluntad no debe intervenir en la autosugestión. Eso es lo que un gran número de profesores de autosugestión, desafortunadamente incluyendo un gran número de médicos, no comprenden en absoluto. También creo que debería establecerse una distinción absoluta entre la autosugestión y el entrenamiento de la voluntad. Doctor Van Velsen, *Bruselas, marzo, 1920.*

***

¿Qué debe pensar de mí? ¿Que le he olvidado? Oh, no, le aseguro que pienso en usted con el afecto más agradecido, y deseo repetir que sus enseñanzas son cada vez más eficaces. Nunca paso un día sin usar la autosugestión con el mayor éxito, y le bendigo todos los días, porque su método es el verdadero. Gracias a ello, estoy asimilando sus excelentes indicaciones, puedo controlarme mejor cada día y siento que soy *más fuerte...* Estoy segura que le resultará difícil reconocer en esta mujer, tan activa a pesar de sus 66 años, aquella pobre criatura que a menudo se encontraba enferma y que solo comenzó a estar bien, gracias a usted y a su guía. Reciba bendiciones por esto, porque lo más dulce del mundo es hacer el bien a quienes nos rodean. Usted hace mucho bien, y yo hago un poco, por lo cual doy gracias a Dios. Madame M___, *Cesson-Saint-Brieuc.*

***

A medida que me siento mejor y mejor desde que comencé a seguir su método de autosugestión, quisiera agradecerle sinceramente. La lesión en los pulmones ha desaparecido, mi corazón está mejor. No tengo más albúmina, en definitiva estoy bastante bien. Madame Lemaitre, *Richemont, jun. 1920.*

***

Su libro y su conferencia nos interesaron mucho. Sería deseable para el bien de la humanidad que se publicaran en varios idiomas, para que puedan llegar a cada raza y país, y así llegar a un mayor número de esos desafortunados que sufren el uso incorrecto de esta todopoderosa (y casi divina) facultad, (la más importante para el hombre, tal como afirma y demuestra usted de manera tan luminosa y juiciosa), que llamamos Imaginación.

Ya había leído muchos libros sobre la voluntad y tenía un gran arsenal de fórmulas, pensamientos, aforismos, etc. Sus frases son concluyentes. No creo que nunca antes estas "tabletas comprimidas de confianza en uno mismo", como llamo sus frases curativas, se hayan condensado en fórmulas típicas de manera tan inteligente. Don Enrique C., *Madrid*.

***

Su folleto sobre "el autocontrol" contiene argumentos muy fuertes y ejemplos muy sorprendentes. Creo que la sustitución de la imaginación por el poder de la voluntad es un gran progreso; es más sencillo y más persuasivo. A.F., *Reimiremont*.

***

. . . Estoy feliz de poder decirle que mi estómago está funcionando bien. Mi metritis también está mucho mejor. Mi pequeño tenía un ganglio en su muslo tan grande como un huevo que está desapareciendo gradualmente. E. L. *Saint-Clément (M-et-M.)*

***

Después de haber sufrido tres operaciones en la pierna izquierda debido a una tuberculosis local, la pierna volvió a enfermarse en septiembre de 1920. Varios médicos declararon que era necesaria una nueva operación. Estaban a punto de abrir mi pierna desde la rodilla hasta el tobillo, y si la operación hubiese fallado, habrían tenido que amputar. Como había oído hablar de sus maravillosas curas, vine a verle por primera vez el 6 de noviembre de 1920. Después de la sesión, de inmediato me sentí un poco mejor. Seguí exactamente sus instrucciones y fui a verle tres veces. A la tercera vez, podría decir que estaba completamente curada. Madame L____, *Henry (Lorraine)*.

***

... No esperaré más para agradecerle de todo corazón por todo lo bueno que le debo. La autosugestión me ha transformado positivamente y ahora estoy mucho mejor de lo que lo he estado en muchos años. Los síntomas de la enfermedad han desaparecido poco a poco, los síntomas mórbidos se han vuelto cada vez más raros y todas las funciones del cuerpo funcionan normalmente. El resultado es que, después de haber adelgazado cada vez más durante varios años, he recuperado varios kilos. No puedo hacer otra cosa que bendecir el sistema de Coué. L___, *Cannes (AM)*.

***

Desde 1917, mi niña ha sufrido crisis epilépticas. Varios médicos me habían dicho que a la edad de 14 o 15 años desaparecerían o empeorarían. Habiendo oído hablar de usted, se la envié desde finales de diciembre hasta mayo. Ahora su curación está completa, ya que durante seis meses no ha tenido una recaída. Perrin (Charles), *Essey-les Nancy*.

***

Durante ocho años sufrí un hundimiento del útero. Después de haber practicado su autosugestión durante cinco meses, me he curado radicalmente. No sé cómo expresar mi profunda gratitud. Madame Soulie, 6, *Place du Marchè, Toul*.

***

... Habiendo sufrido un glaucoma desde 1917, consulté a dos oculistas que me dijeron que solo una operación pondría fin a mis sufrimientos, pero desafortunadamente ninguno de ellos me aseguró un buen resultado. En junio de 1920, después de asistir a una de sus sesiones, me sentí mucho mejor. En septiembre dejé de usar las gotas de pilocarpina, que eran mi pan de cada día, y desde entonces no he sentido dolor. Mi pupila ya no está dilatada, mis ojos son normales; Es un verdadero milagro. Madame M____, *Soulosse*.

***

Una dedicación al señor Coué por el autor de un tratado médico:

Al señor Coué, que sabía disecar el alma humana y extraer de ella un método psicológico fundado en la autosugestión consciente. El maestro tiene derecho al agradecimiento de todos; ha logrado hábilmente disciplinar a la vagabunda (la imaginación) y asociarla útilmente con la voluntad. De este modo, le ha dado al ser humano los medios para aumentar diez veces su fuerza moral al darle confianza en sí mismo. Doctor PR, *Francfort*.

***

. . . Es difícil hablar de la profunda influencia que ha ejercido en mí el hecho de que usted tan amablemente me haya permitido ver su trabajo tan a menudo. Al verlo día tras día, me ha impresionado cada vez más, y como usted mismo dijo, no parece haber límites para las posibilidades y el alcance futuro de los principios que enuncia, no solo en la vida física de los niños, sino también en las posibilidades de cambiar las ideas que prevalecen ahora sobre el castigo del crimen, el gobierno, y de hecho, en todas las relaciones de la vida. . . . Srta. Josephine M. Richardson.

***

. . . Cuando llegué, esperaba mucho, pero lo que he visto, gracias a su gran amabilidad, supera con creces mis expectativas. Montagu S. Monier-Williams, MD, *Londres*.

FRAGMENTOS DE CARTAS DIRIGIDAS A EMILE LEON, DISCÍPULA DEL SEÑOR COUÉ.

Desde hace un tiempo quiero escribir y le agradezco sinceramente por haberme dado a conocer este método de autosugestión. Gracias a sus buenos consejos, los ataques de nervios a los que estaba sometida han desaparecido por completo y estoy segura de estar curada. Además, me siento rodeada de una fuerza superior que es una guía inquebrantable, y con cuya ayuda supero con facilidad las dificultades de la vida. Madame F____, *Rue de Bougainville 4, París.*

***

Asombrada por los resultados obtenidos por la autosugestión que me fuese enseñada por ustedes, les agradezco de todo corazón. Durante un año he estado completamente curada del reumatismo articular del hombro derecho que sufrí durante ocho años y de la bronquitis crónica que había tenido aún más tiempo. Los numerosos médicos que consulté me declararon incurable, pero gracias a usted y a su tratamiento, he encontrado, con perfecta salud, la convicción de que poseo el poder para conservarla.

Madame L. T., *Rue du Laos, 4, París.*

***

Quiero contarles los excelentes resultados que el maravilloso método del Sr. Coué ha producido en mi caso y expresar mi profunda gratitud por su valiosa ayuda. Siempre he sido anémica y he tenido mala salud, pero después de la muerte de mi esposo empeoré mucho. Sufría con mis riñones, no podía mantenerme erguida, también sufría de nerviosismo y aversiones. Todo eso se ha ido y soy una persona diferente. Ya no sufro, tengo más resistencia, y soy más alegre. Mis amigos apenas me reconocen, y me siento una mujer nueva. Tengo la intención de difundir las noticias de este maravilloso método, tan claro, tan simple, tan beneficioso, y seguir obteniendo los mejores resultados para mí también. M. D. *París, junio,* 1920.

***

No puedo encontrar palabras para agradecerle por enseñarme su excelente método. ¡Qué felicidad me ha traído! Agradezco a Dios que me llevó a conocerle, porque ha transformado mi vida por completo. Antes sufría terriblemente en cada período mensual y me veía obligada a estar en cama. Ahora todo es bastante regular y sin dolor. Es lo mismo con mi digestión, y ya no estoy obligada a vivir sólo de leche como solía hacerlo, y ya no tengo más dolor, lo cual es una alegría. Mi esposo se asombra al descubrir que cuando viajo no tengo más dolores de cabeza, mientras que antes siempre tomaba tabletas. Ahora, gracias a usted, no necesito ningún remedio, pero no me olvido de repetir 20 veces por la mañana y por la noche, la frase que me enseñó: "Cada día, en todos los aspectos, estoy mejor y mejor ". B. P., *París, octubre,* 1920.

***

Al releer el método, lo encuentro cada vez más superior a todos los desarrollos inspirados en él.

Supera todos los denominados sistemas científicos que se han inventado, basados en los resultados inciertos de una ciencia incierta, que se abre camino y se engaña a sí misma, y cuyos medios de observación son bastante precarios a pesar de lo que digan los que "saben".

El señor Coué, por otro lado, resulta suficiente para todo, va directo al objetivo, lo alcanza con certeza y al liberar a su paciente, lleva la generosidad y el conocimiento a su punto más alto, ya que deja al mismo paciente el mérito de esta libertad, y el uso de un poder maravilloso. No, realmente, no hay nada que alterar en este método. Es como usted tan sorprendentemente dice: un evangelio. Informar fielmente sus actos y palabras y difundir su método, eso es lo que debe hacerse, y lo que yo mismo haré en la medida de lo posible.

P. C

***

Estoy sorprendida de los resultados que he obtenido y continúo obteniendo a diario, mediante el uso del excelente método que me ha enseñado de autosugestión consciente. Estaba enferma mental y físicamente. Ahora estoy bien y casi siempre estoy alegre. Es decir, mi depresión ha dado paso a la alegría y, ciertamente, no me quejo del cambio, porque es bastante preferible, se lo aseguro. ¡Qué miserable solía ser! No podía digerir nada; ahora digiero perfectamente bien y los intestinos actúan naturalmente. También solía dormir tan mal, mientras que ahora las noches no son lo suficientemente largas; no podía trabajar, pero ahora puedo trabajar duro. De todas mis dolencias, no queda nada más que un ocasional reumatismo, que estoy segura de que desaparecerá como el resto al continuar con su buen método. No puedo encontrar palabras para expresarle mi profunda gratitud. Madame Friry, *Boulevard Malesherbes, París*.

EXTRACTOS DE LAS CARTAS DIRIGIDAS A LA SEÑORITA KAUFMANT, DISCÍPULA DEL SEÑOR COUÉ

Como me he estado sintiendo cada vez mejor desde que seguí el método de autosugestión que me enseñaron, siento que le debo un sincero agradecimiento. Ahora estoy calificada para hablar de las grandes e innegables ventajas de este método, ya que solo a él debo mi recuperación.

Tenía una lesión en los pulmones que me hacía escupir sangre. Sufría de falta de apetito, vómitos diarios, pérdida de peso y un obstinado estreñimiento. La saliva con sangre disminuyó de inmediato y pronto desapareció por completo. El vómito cesó, el estreñimiento ya no existe, recuperé mi apetito y en dos meses gané varios kilos de peso. Ante los resultados observados, no solo por padres y amigos, sino también por el médico que me ha atendido durante varios meses, es imposible negar el buen efecto de la autosugestión y no declarar abiertamente que es a su método que debo mi regreso a la vida. Le autorizo publicar mi nombre si puede servir a otros, y le ruego que me crea. Muy cordialmente. Jeanne Gilli, 15, *AV. Borriglione, Niza, marzo de 1918*.

***

Considero un deber decirle lo agradecida que estoy con usted por haberme enseñado acerca de los beneficios de la autosugestión. Gracias a usted, ya no sufro de esos agonizantes y frecuentes problemas cardíacos, y he recuperado el apetito que había perdido durante meses. Aún más, como enfermera del hospital, debo agradecerle de corazón por la recuperación casi milagrosa de uno de mis pacientes, gravemente enfermo de tuberculosis, que le hacía vomitar sangre de manera constante y abundante. Su familia y yo estábamos muy ansiosos cuando el cielo lo envió a usted en su ayuda. Después de su primera visita, cesó la saliva de la sangre, recuperó el apetito y, después de algunas visitas adicionales realizadas por usted a su lecho de enfermedad, todos los órganos poco a poco recuperaron sus funciones normales. Al fin, un día tuvimos la grata sorpresa y la alegría de verlo llegar a su sesión privada, donde, ante los presentes, él mismo hizo la declaración de su curación, debido a su amable intervención. Gracias con todo mi corazón. Atentamente y con simpatía, A. Kettner, 26, *AV. Borriglione, Niza, marzo de* 1918.

***

... He pospuesto varias veces el escribirle para agradecerle la curación de mi pequeño Sylvain. Estaba desesperada, los médicos me decían que no había nada más que hacer sino probar el sanatorio de Arcachon o Juicoot, cerca de Dunkerque. Iba a hacerlo cuando la señora Collard me aconsejó que fuera a verle. Dudé, ya que me sentía escéptica al respecto; pero ahora tengo la prueba de su habilidad, porque Sylvain se ha recuperado completamente.

Su apetito es bueno, sus pústulas y sus ganglios están completamente curados, y lo que es aún más extraordinario, desde la primera vez que fuimos a verle, ya no tosió ni una sola vez. El resultado es que desde el mes de junio ha ganado 6 libras. Nunca podré agradecerle suficiente y proclamo a todos los beneficios que hemos recibido. Madame Poirson, *Liverdun, agosto,* 1920.

***

¿Cómo puedo demostrarle mi profunda gratitud? ¡Me ha salvado la vida! Tenía el corazón desplazado, lo que causaba continuamente terribles ataques de asfixia; de hecho, eran tan violentos que no tenía descanso ni de día ni de noche, a pesar de las inyecciones diarias de morfina. No podía comer nada sin tener vómitos instantáneos. Tenía dolores violentos de cabeza, la que se me inflamaba completamente, y, como resultado, perdí la vista. Estaba en un estado lamentable y todo mi organismo sufría por ello. Tenía abscesos en el hígado. El doctor estaba desesperado después de haberlo intentado todo; sangrados, escarificación, cataplasmas, hielo y cualquier remedio posible, sin ninguna mejora.

Recurrí a su amabilidad por consejo de mi médico. Después de sus primeras visitas, los ataques se volvieron menos violentos y menos frecuentes, y pronto desaparecieron por completo. Las noches malas y problemáticas se volvieron más tranquilas, hasta que pude dormir toda la noche sin despertarme. Los dolores que tenía en el hígado cesaron por completo. Pude volver a comer, a digerir perfectamente, y nuevamente experimenté una sensación de hambre que no había conocido en meses. Mis dolores de cabeza cesaron y mis ojos, que me habían preocupado tanto, están curados, y ahora puedo ocuparme con un poco de trabajo manual.

Cada vez que usted me visitó, sentí que mis órganos reanudaban sus funciones naturales. No fui la única que lo observó, ya que el médico que venía a verme todas las semanas me encontraba mucho mejor, y finalmente me recuperé, y pude levantarme después de haber estado en cama once meses. Me levanté sin ninguna molestia, ni siquiera el menor vértigo, y en quince días pude salir.

De hecho, gracias a usted, estoy curada; mi médico dice que, para lo que me ayudaron las medicinas, mejor no hubiese tomado ninguna. Después de haber sido abandonada por dos médicos que no tenían ninguna esperanza de curarme, aquí estoy, curada, y de hecho es una curación completa, porque ahora puedo comer carne, y como una libra de pan todos los días. ¿Cómo puedo agradecerle? Porque repito, es a la sugestión que me enseñó a la que debo mi vida.

Jeanne Grosjean, *Nancy, noviembre*. 1920.

***

... Personalmente, la ciencia de la autosugestión, --porque la considero una *ciencia en su* totalidad--, me ha brindado excelentes servicios; pero la verdad me obliga a declarar que si sigo interesándome particularmente en ella, es porque encuentro que provee los medios para ejercer verdadera caridad.

En 1915, cuando estuve presente por primera vez en las conferencias del señor Coué, confieso que era completamente escéptico. Ante hechos que se repitieron *cien veces* en mi presencia, me vi obligado a rendirme a la evidencia y reconocer que la autosugestión siempre actuaba, aunque naturalmente en diferentes grados, en enfermedades orgánicas. Los únicos casos (y fueron muy raros) en los que la vi fallar fueron casos nerviosos, neurastenias o enfermedades imaginarias.

No hay necesidad de volver a decirle que el señor Coué, al igual que usted, pero aún más firmemente, insiste en este punto: "que nunca hace un milagro ni cura a nadie, sino que le muestra a las personas cómo curarse a sí mismas".

Confieso que, en este punto, sigo siendo un poco incrédulo, ya que, si el señor Coué no cura realmente a las personas, es una poderosa ayuda para su recuperación, al "dar esperanza" a los enfermos, al enseñarles a no desesperarse nunca, al levantarles el ánimo y guiarlos. . . por encima de ellos mismos, a esferas morales que la mayoría de la humanidad, sumida en el materialismo, nunca ha alcanzado.

Cuanto más estudio la autosugestión, mejor entiendo la divina ley de confianza y amor que Cristo nos predicó: "Amarás a tu prójimo", al darle un poco de nuestro "corazón" y de nuestra fuerza moral para ayudarlo a levantarse si ha caído y a curarse si está enfermo. Aquí también desde mi punto de vista cristiano, la aplicación de la autosugestión --

que considero una ciencia beneficiosa y reconfortante-- nos ayuda a entender que, como hijos de Dios, todos tenemos dentro fuerzas cuya existencia no sospechamos, y que dirigidas apropiadamente sirven para elevarnos moralmente y sanarnos físicamente.

Aquellos que no conocen su ciencia, o que solo la conocen de manera imperfecta, no deben juzgarla sin haber visto los resultados que da y el bien que hace.

Créame que soy su fiel admirador.

L D ----, *Nancy, noviembre,* 1920.

EL MILAGRO INTERIOR

(Reimpreso del "Renaissance politique, littéraire et artistique" del 18 de diciembre de 1920)

HOMENAJE A EMILE COUÉ

En el transcurso del mes de septiembre de 1920, abrí por primera vez el libro de Charles Baudouin, de Ginebra, profesor del Instituto JJ Rousseau en esa ciudad.

Este trabajo, se llama: "Sugestión y autosugestión, y el autor lo ha dedicado: *"A Emile Coué, el iniciador y benefactor, con profunda gratitud"*.

Lo leí y no dejé el libro hasta que llegué al final.

Contiene la exposición muy simple de un trabajo magníficamente humanitario, fundado en una teoría que puede parecer infantil solo porque está dentro del alcance de todos. Y si todos lo ponen en práctica, de ello se derivará el mayor bien.

Después de más de veinte años de trabajo infatigable, Emile Coué, que en la actualidad vive en Nancy, donde ha seguido el trabajo y los experimentos de Liébault (el padre de la doctrina de las sugestiones), durante más de veinte años, digo, Coué ha estado ocupado exclusivamente con esta cuestión, pero particularmente con el fin de llevar a sus semejantes a cultivar la *autosugestión*.

A principios de siglo, Coué alcanzó el objetivo de sus investigaciones y liberó la inmensa fuerza general de la autosugestión. Después de innumerables experimentos en miles de sujetos, *mostró la acción del inconsciente en casos orgánicos*.

Esto es nuevo, y el gran mérito de este hombre culto profundamente modesto es haber encontrado un remedio para males terribles, de incurable reputación o terriblemente dolorosos, sin ninguna esperanza de alivio.

Como no puedo entrar aquí en largos detalles científicos, me contentaré en decir cómo el sabio de Nancy practica su método.

El epítome cincelado de toda una vida de investigaciones con pacientes y de observaciones incesantes, es una fórmula breve que debe repetirse mañana y tarde.

Debe decirse en voz baja, con los ojos cerrados, en una posición favorable para relajar el sistema muscular. Uno puede estar en la cama o en una silla cómoda, y en un tono de voz como si uno estuviera recitando una letanía.

Aquí están las palabras mágicas:

"Cada día, en todos los aspectos, estoy mejor y mejor".

Debe decirse veinte veces, con la ayuda de una cuerda con veinte nudos, que sirve de rosario. Este detalle material tiene su importancia: asegura la recitación mecánica, que es esencial.

Al articular estas palabras, *que son registradas por el inconsciente,* uno no debe pensar en nada en particular, ni en su enfermedad ni en sus problemas; uno debe ser pasivo, y solo debe tener el deseo de que todos sea para lo mejor.

La formula *"en todos los aspectos"* tiene un efecto general.

Este deseo debe expresarse sin pasión, sin voluntad, en forma calma, *pero con absoluta confianza.*

Emile Coué, en el momento de la autosugestión, *no llama a la actuación de la voluntad de ninguna forma, sino al contrario;* no se trata de la voluntad en ese momento, sino de la *imaginación,* la gran fuerza motriz infinitamente más activa de lo que se suele invocar; es sólo la imaginación la que debe ponerse en juego.

"Ten confianza en ti mismo", dice Coué, este buen consejero, "cree firmemente que todo estará bien".

Y, de hecho, todo está bien para los que tienen fe, fortificados por la perseverancia.

Como los hechos hablan más que las palabras, les contaré lo que me sucedió a mí mismo antes de ver al señor Coué.

Debo regresar al mes de septiembre, cuando abrí el volumen de Charles Baudouin. Al final de una exposición sustancial, el autor enumera la cura de enfermedades como la enteritis, el eccema, el tartamudeo, la sordera, una sinusitis que se remonta a veinte años atrás y que necesitó once operaciones, metritis, salpingitis, tumores fibrosos, varices, etc., por último y sobre todo, úlceras tuberculosas profundas, y las últimas etapas de la tisis (el caso de la señora D ----, de Troyes, de 30 años de edad, quien se convirtió en madre luego de su curación; al caso se le dio seguimiento, y no hubo recaída). Todo esto a menudo es atestiguado por los médicos que asisten a los pacientes.

Estos ejemplos me impresionaron profundamente, allí estaba el milagro. No era una cuestión de nervios, sino de enfermedades que la medicina ataca sin éxito.

La curación de la tuberculosis fue una revelación para mí.

Después de haber sufrido durante dos años de neuritis aguda en la cara, tenía un dolor horrible. Cuatro médicos, dos de ellos especialistas, habían pronunciado una sentencia que sería suficiente, por sí misma, para aumentar el problema, debido a su fatal influencia en la mente:

"¡No hay nada que hacer!"

Este "nada que hacer" había sido para mí la peor de las autosugestiones.

En posesión de la fórmula: "Cada día, en todos los aspectos ...", etc., la recité con una fe que, aunque había llegado de repente, era capaz de mover montañas y tras arrojar chales y bufandas, con la cabeza descubierta, salí al jardín bajo la lluvia y el viento repitiendo suavemente. *"Voy a curarme,* no tendré más neuritis, desaparecerá, no volverá, etc."

Al día siguiente estaba curado y nunca más recaí de esta abominable aflicción, que no me permitía dar un paso fuera de la casa y hacía la vida insoportable. Fue una inmensa alegría.

Los incrédulos dirán: "Todo era nervioso."

Obviamente, y les doy este primer punto. Pero, encantado con el resultado, probé el Método Coué para un edema del tobillo izquierdo, resultante de una afección de los riñones que se considera incurable. En dos días, el edema había desaparecido. Luego traté la fatiga y la depresión mental, etc., y se produjo una mejora extraordinaria, y solo tuve una idea: ir a Nancy para agradecer a mi benefactor.

Fui allí y encontré a este excelente hombre, atractivo por su bondad y simplicidad, que se ha convertido en mi amigo.

Era indispensable verlo en su campo de acción. Me invitó a una "sesión" popular. Escuché un concierto de gratitud. Las lesiones en los pulmones, órganos desplazados, asma, enfermedad de Pott (!), parálisis... ¡toda la horda de enfermedades mortales se dieron a la fuga!

Vi a una mujer paralítica, que se había sentado contraída y retorcida en su silla, levantarse y caminar. El señor Coué había hablado, exigía gran confianza, inmensa confianza en uno mismo. Él dijo: "Aprendan a curarse, pueden hacerlo; yo nunca he curado a nadie. El poder está dentro de ustedes, invoquen su espíritu, hagan que actúe para su bienestar físico y mental, y vendrá, les curará, serán fuertes y felices".

Habiendo hablado, Coué se acercó a la paralítica:

"Escuchaste lo que dije, ¿crees que caminarás?"

"Sí."

"¡Muy bien entonces, levántate!"

La mujer se levantó, caminó y dio la vuelta al jardín. El milagro se había realizado.

Una joven con la enfermedad de Pott, cuya columna vertebral se enderezó después de tres visitas, me dijo la gran felicidad que sentía al volver a la vida después de haber pensado que era un caso perdido.

Tres mujeres, curadas de lesiones en los pulmones, expresaron su alegría por regresar al trabajo y a una vida normal. Coué en medio de esas personas a quienes ama, parece un ser aparte, porque este hombre ignora el dinero, todo su trabajo es gratuito y su extraordinario desinterés le prohíbe recibir un centavo por él.

"¿Le debo algo?" le dije, "Es que simplemente le debo todo ..."

"No, solo el placer que tendré de que continúe manteniéndose bien ..."

Una simpatía irresistible atrae a este filántropo de mente simple. Brazo con brazo caminamos por el huerto que él mismo cultiva, levantándose temprano para hacerlo. Prácticamente vegetariano, mira con satisfacción los resultados de su trabajo. Y luego la conversación seria continúa:

"En su *mente* usted posee un poder *ilimitado*, que actúa sobre la materia si sabemos cómo domesticarlo. La imaginación es como un caballo sin brida; si un caballo así tira del carro en el que estás, puede hacer todo tipo de tonterías y llevarte a tu muerte. Pero ponle el arnés adecuado, llévalo con mano segura, e irá a donde quieras.

Así sucede con la mente, la imaginación. Deben ser dirigidas para nuestro propio bien. La autosugestión, formulada con los labios, es una orden que recibe el inconsciente, la ejecuta sin que nos demos cuenta, y, sobre todo, por la noche, de modo que la autosugestión nocturna es lo más importante. Da maravillosos resultados ".

Cuando sienta un dolor físico, agregue la fórmula *"Se va ..."*, repetida muy rápidamente, en una especie de voz monótona, colocando su mano en la parte donde siente el dolor, o en la frente, si es una angustia mental."

El método actúa de manera muy eficaz sobre la mente. Después de haber pedido la ayuda del alma para el cuerpo, se puede volver a pedir para todas las circunstancias y dificultades de la vida. También sé por experiencia que los eventos pueden ser modificados singularmente por este proceso.

Hoy sabes, y lo sabrás aún mejor leyendo el libro del señor Baudouin, y luego su folleto: *"Cultura de la fuerza moral"*, y luego, por último, el pequeño y sucinto tratado escrito por el propio el señor Coué, *Auto dominio"*.

Sin embargo, si he podido inspirarte el deseo de hacer esta excelente peregrinación, irás a Nancy a buscar el folleto. Como yo, amarás a este hombre único, único por su noble caridad y por su amor a sus semejantes, como Cristo lo enseñó.

Igual que yo también, serás curado física y mentalmente. La vida te parecerá mejor y más bella.

Eso seguramente vale la pena intentarlo.

M. Burnat-Provins.

ALGUNAS NOTAS SOBRE EL VIAJE DEL SEÑOR COUÉ A PARÍS EN OCTUBRE DE 1919

El deseo de que las enseñanzas del señor Coué en París en octubre pasado no se pierdan para el mundo, me ha instado a escribirlas. Dejando de lado esta vez a las numerosas personas con enfermedades físicas o mentales, que han visto sus problemas disminuir y desaparecer como resultado de su tratamiento benéfico, comencemos citando solo algunas de sus enseñanzas.

Pregunta. ¿Por qué no obtengo mejores resultados aunque uso su método y oración?

Respuesta. Porque, probablemente, en el fondo de su mente hay una *duda inconsciente,* o porque hace *esfuerzos.* Ahora, recuerde que los esfuerzos están determinados por la voluntad; si mete a la voluntad en juego, corre el grave riesgo de poner también en juego la imaginación, pero en la dirección contraria, lo que provoca lo contrario de lo que desea.

****

Pregunta. ¿Qué debemos a hacer cuando algo nos molesta?

Respuesta. Cuando pasa algo que le preocupa, *repita de inmediato* "No, eso no me molesta en absoluto, no en lo más mínimo, el hecho es más bien agradable ". En resumen, la idea es trabajarnos en un buen sentido en lugar de en uno malo.

****

Pregunta. ¿Son indispensables los experimentos preliminares si no son inaceptables para el orgullo del sujeto?

Respuesta. No, no son indispensables, pero son de gran utilidad; porque, aunque puedan parecer infantiles para ciertas personas, por el contrario, son extremadamente serios. De hecho, prueban tres cosas: 1. Que cada idea que tenemos en nuestras mentes se convierte en *cierta* para nosotros, y tiene una tendencia a transformarse en acción.

2. Que cuando hay un conflicto entre la imaginación y la voluntad, siempre es la imaginación la que gana; y en este caso hacemos exactamente lo *contrario* de lo que deseamos hacer.

3. Que nos resulta fácil poner en nuestras mentes, *sin ningún esfuerzo,* la idea que deseamos tener, ya que hemos podido sin esfuerzo pensar, sucesivamente: "No puedo" y luego "Puedo".

Los experimentos preliminares no deben repetirse en casa. Estando solo, a menudo uno es incapaz de ponerse en las condiciones físicas y mentales adecuadas; existe el riesgo de fracaso y, en este caso, la confianza en sí mismo se ve sacudida.

****

Pregunta. Cuando uno tiene dolor, no puede dejar de pensar en su problema.

Respuesta. No tenga miedo de pensar en ello; por el contrario, piense en ello, pero para decirle: "No te *tengo miedo*". Si uno va a algún lado y un perro comienza a ladrarle, uno debe mirarlo con firmeza a los ojos y no le morderá; pero si le teme, si uno se da la vuelta, pronto tendrá sus dientes en las piernas.

****

Pregunta. ¿Y si uno se retira?
Respuesta. Dé marcha atrás.

****

Pregunta. ¿Cómo podemos comprender lo que deseamos?

Respuesta. Repitiendo a menudo lo que desea: "Estoy ganando seguridad", y lo hará; "Mi memoria está mejorando", y realmente lo hace; "Me estoy volviendo amo absoluto de mí mismo", y descubre que se está volviendo amo de sí mismo.

Si dice lo contrario, lo contrario sucederá. Lo que uno dice de forma persistente y muy rápida *sucede* (dentro del dominio de lo razonable, por supuesto).

MÁS TESTIMONIOS:

De una joven a otra dama: "¡Qué simple que es! No hay nada que agregarle: parece inspirado. ¿No crees que hay seres que irradian influencia?"

****

... Un eminente médico parisino a numerosos médicos que lo rodeaban: "He llegado a aceptar completamente las ideas del señor Coué".

****

... Un politécnico, crítico severo, define así al señor Coué: "Él es un Poder". . . . Sí, es un Poder de Bondad. Sin misericordia con las malas autosugestiones del tipo "derrotista", es incansablemente laborioso, activo y sonriente, ayudando a todos a desarrollar su personalidad y enseñándoles a curarse a sí mismos, que es la característica de su método benéfico.

¿Cómo podría uno dejar de desear desde lo profundo de su corazón que todos puedan entender y aprovechar las "buenas nuevas" que trae el señor Coué?

"Es el despertar --posible para todos-- del poder personal que hemos *recibido* para ser felices y estar bien ".

El pleno desarrollo de este poder, *si uno lo consiente,* puede transformar nuestra vida.

****

Es, entonces, (¿y no es esto lo correcto?) el deber estricto (y al mismo tiempo la felicidad) de quienes han sido iniciados, difundir por todos los medios posibles el conocimiento de este maravilloso método, cuyos felices resultados han sido reconocidos y verificados por *miles* de personas; hacerlo saber a quienes sufren, están tristes, o sobrecargados. . . ¡a todos! Y ayudarles a ponerlo en práctica.

Luego, pensando en Francia, triunfante en la guerra, pero golpeada; en quienes la defendieron --victoriosos pero mutilados--, en todos los sufrimientos físicos y morales que conlleva la guerra; que aquellos que tienen el poder (el mayor poder que se le haya dado al hombre es el poder de hacer el bien, dice Sócrates) vean que la inagotable reserva de fuerzas físicas y morales que el "Método" pone a nuestro alcance pronto se convierta en patrimonio de toda la nación y a través de ella, de la humanidad.

Emile Leon,

Colaboradora, en París, del señor Emile Coué

"TODO PARA TODOS"

Por Emile Leon, discípula del señor Coué.

Cuando uno ha podido aprovechar un gran beneficio; cuando este beneficio está al alcance de todos, aunque casi todos lo ignoran, ¿no es un deber urgente y absoluto (para quienes se inician) darlo a conocer a quienes lo rodean?

Porque todos pueden hacer suyos los sorprendentes resultados del "Método Emile Coué".

Alejar el dolor ya es bastante... Pero cuánto más es guiar hacia una nueva vida a *todos* los que sufren...

En abril pasado tuvimos la visita del señor Emile Coué en París, y aquí están algunas de sus enseñanzas:

Pregunta. (De un teísta). Creo que no es digno del Eterno hacer que obedecer Su voluntad, dependa de lo que el señor Coué llama un truco o proceso mecánico: la autosugestión consciente.

El señor Coué. Ya sea que lo deseemos o no, nuestra imaginación siempre anula nuestra voluntad, cuando están en conflicto. Podemos llevarla por el camino correcto indicado por nuestra razón, empleando *conscientemente,* el proceso mecánico que empleamos *inconscientemente a* menudo para llevarlo por el mal camino.

La reflexiva interrogadora se dice a sí misma: "Sí, es verdad, en esta elevada esfera de pensamiento, la autosugestión consciente tiene el poder de liberarnos de los obstáculos *creados por nosotros mismos,* que podrían poner un velo entre nosotros y Dios, lo mismo que un pedazo de algo, colgado en una ventana, puede evitar que el sol entre en una habitación ".

Pregunta. ¿Cómo hacer para que los seres queridos que pueden estar sufriendo, se hagan buenas autosugestiones que los liberarían?

Respuesta. - No les insista ni los sermonee al respecto. Solo recuérdeles simplemente que yo les aconsejo que hagan una autosugestión con la *convicción de* que obtendrán el resultado que desean.

****

Pregunta. - ¿Cómo explicarse uno mismo y explicar a los demás que la repetición de las mismas palabras: "Me voy a dormir ... Se está yendo...", etc., tiene el poder de producir el efecto y, sobre todo, un efecto tan poderoso que es cierto?

Respuesta. La repetición de las mismas palabras nos obliga a pensarlas, y cuando las pensamos, se hacen realidad para nosotros y se transforman en realidad.

****

Pregunta. ¿Cómo se puede mantener internamente el dominio propio?

Respuesta. Para ser amo de uno mismo es suficiente pensar que uno lo es, y para pensarlo, a menudo hay que repetirlo sin hacer ningún esfuerzo.

****

Pregunta. Y exteriormente, ¿cómo se puede mantener la propia libertad?

Respuesta. El dominio propio se aplica tanto físicamente como mentalmente.

****

Pregunta (Afirmación). Es imposible escapar de los problemas o de la tristeza, si no hacemos lo que deberíamos, no sería justo, y la autosugestión no puede. . . y no debe evitar *solo el sufrimiento*.

El señor Coué (muy seriamente y en forma afirmativa):

Ciertamente y con seguridad no debería ser así, pero *es*, muy a menudo... En cualquier caso, por un tiempo.

****

Pregunta. ¿Por qué ese paciente que ha sido completamente curado continuamente tiene esos terribles ataques?

Respuesta. –El esperaba sus ataques, les temía... y así, los *provocó*; si este caballero se mete en mente la idea de que no tendrá más ataques, no tendrá ninguno; si él piensa que los tendrá, ciertamente lo hará.

****

Pregunta. --En qué difiere su método de los demás.

Respuesta. --La diferencia es que no es la voluntad lo que nos rige, sino la *imaginación;* esa es la base, la base fundamental.

****

Pregunta. ¿Me daría un resumen de su "Método" para la señora R ___, quien está haciendo un importante trabajo?

Respuesta. Aquí está el resumen del "Método" en pocas palabras: Al contrario de lo que se enseña, no es nuestra voluntad lo que nos hace actuar, sino nuestra imaginación (el inconsciente). Si a menudo actuamos como lo *dicta la voluntad,* es porque al mismo tiempo pensamos que podemos hacerlo. Si no es así, hacemos exactamente lo contrario de lo que deseamos.

Ejemplo: Cuanto más una persona con insomnio se *determina* a dormir, más inquieta se pone; cuanto más *tratamos* de recordar un nombre que creemos haber olvidado, más se nos escapa (solo vuelve si en la mente uno reemplaza la idea de: "Lo he olvidado", por la idea "lo recordaré"); cuanto más nos esforzamos para evitar reírnos, más se desata nuestra risa; cuanto más nos *decidimos* a evitar un obstáculo, al aprender a andar en bicicleta, más nos apresuramos hacia él.

Entonces debemos aplicarnos a dirigir nuestra *imaginación*, la cual ahora nos dirige. De esta manera, nos hacemos fácilmente amos de nosotros mismos, física y moralmente.

¿Cómo llegamos a este resultado? Por la práctica de la *autosugestión* consciente. La autosugestión consciente se basa en este principio: cada idea que tenemos en nuestra mente se hace cierta para nosotros y tiende a realizarse a sí misma.

Así, si *deseamos* algo, podemos obtenerlo al final de un tiempo más --o menos-- largo, si repetimos a menudo que esto va a venir, o que desaparecerá, según sea una cualidad buena o una falta física o mental.

Todo está incluido empleando la fórmula general mañana y noche: "Cada día, *en todos los aspectos,* estoy mejor y mejor".

****

Pregunta. ¿Para los que están tristes o angustiados?

Respuesta. Mientras pienses: "Estoy triste", *no puedes* estar alegre, y para pensar algo, basta con decir sin esfuerzo: "Pienso esto...". En cuanto a la angustia, está desaparecerá, por violenta que sea. Esto lo *puedo* afirmar.

MÁS CASOS

Un hombre llegó inclinado, arrastrándose dolorosamente, apoyándose en dos bastones; en su rostro una expresión de triste depresión. Mientras el salón se llena, el señor Coué entra, y después de interrogar a este hombre, le dice algo así: "Así que has tenido reumatismo durante 32 años y no puedes caminar... No temas, ya no va a durar tanto".

Luego, después de los experimentos preliminares, le dice:

"Cierra los ojos y repite muy rápido, moviendo los labios, las palabras: 'Se está yendo, ¡se va!' (al mismo tiempo, el señor Coué pasa su mano sobre las piernas del paciente durante 20 a 25 segundos).

Ahora ya usted no siente dolor. ¡Levántese y camine (el paciente camina) rápidamente! ¡aún más rápido! y, como puede caminar tan bien, va a correr; ¡corra! señor, ¡corra!"

El paciente corre (con gran alegría, casi como si hubiese recuperado su juventud), para su gran asombro, y también el de las numerosas personas presentes en la sesión del 27 de abril de 1920. (Clínica del Dr. Berillon).

****

Una señora declara: "Mi esposo sufrió ataques de asma durante muchos años, tenía tanta dificultad para respirar que temíamos un problema fatal; su asesor médico, el Dr. X, lo había abandonado. Fue casi radicalmente curado de sus ataques, después de una sola visita del señor Coué ".

****

Una joven viene a agradecer al señor Coué con viva gratitud. Su médico, el Dr. Vachet, que estaba con ella en la habitación, dice que la anemia cerebral que había sufrido durante mucho tiempo, que él no había logrado controlar con los medios habituales, había desaparecido como por arte de magia a través del uso de la autosugestión consciente.

****

Otra persona que tenía una pierna fracturada y no podía caminar sin cojear con dolor, pudo caminar de inmediato con normalidad. Sin cojear más, sin más dolor.

****

En el salón, que bulle con interés, brotan testimonios alegres de numerosas personas que han sido aliviadas o curadas.

Un médico: "La autosugestión es el arma de curación". En cuanto a este filósofo que escribe... (menciona su nombre), el confía en el *genio* de Coué.

****

Un caballero, un ex magistrado, a quien una dama le había pedido que expresara su aprecio, exclama en tono conmovedor: "No puedo expresar mi aprecio con palabras, creo que es admirable."

****

Una mujer de mundo, emocionada por la desaparición de sus sufrimientos: "Oh, señor Coué, uno podría arrodillarse ante usted. ¡Es usted el mismísimo Dios misericordioso!" Otra dama, muy impresionada, rectifica: "No, pero es su mensajero".

****

Una anciana: "Es encantador, cuando uno es anciano y frágil, reemplazar un sentimiento de mala salud en general por el de frescura y bienestar general, y el método del señor Coué puede, y lo afirmo porque lo he probado, producir este feliz resultado, que es tanto más completo y duradero, pues se basa en la fuerza todopoderosa que está dentro de nosotros.

****

Una voz cálidamente simpática lo llama por el modesto nombre que prefiere al de "*Maestro*": profesor Coué.

****

Una mujer joven que ha sido completamente conquistada: "el señor Coué va directo a su objetivo, lo alcanza con seguridad, y, al liberar a su paciente, lleva la generosidad y el conocimiento a su punto más alto, pues deja al paciente mismo el mérito de su liberación y el uso de un poder maravilloso ".

****

Un hombre de letras, a quien una dama le pide que escriba una pequeña *"obra maestra "* sobre el benévolo "Método", se niega por completo, enfatizando las palabras simples que, utilizadas de acuerdo con el Método, ayudan a hacer desaparecer todo sufrimiento: " *'¡Se está yendo! ¡Se va!'* ¡allí está la obra maestra!*"*, afirma.

Y los miles de personas enfermas que han sido aliviadas o curadas no lo contradecirán.

****

Una señora que ha sufrido mucho declara: "Al releer el 'Método' me parece cada vez más superior a los desarrollos que ha inspirado; realmente no hay nada que quitar ni agregar a este 'Método', todo lo que es queda es difundirlo. Lo haré de todas las maneras posibles".

****

Y ahora, en conclusión, diré: aunque la modestia del señor Coué le hace responder a todos:

No tengo fluido magnético--

No tengo influencia--

Nunca he curado a nadie--

Mis discípulos obtienen los mismos resultados que yo.

"Puedo decir con toda sinceridad que tienden a hacerlo, instruidos como están en el *valioso 'Método',* y cuando, en un futuro muy lejano, la emocionante voz de su autor llamado a una esfera superior ya no pueda enseñarlo aquí "abajo", el 'Método', su trabajo, ayudará en asistir, consolar y curar a miles y miles de seres humanos.

Debe ser *inmortal* y Francia, generosa, debe comunicarlo al mundo entero, porque el hombre de letras tenía razón, y supo cómo iluminar en una palabra esta verdaderamente simple y maravillosa ayuda para vencer el dolor: '¡SE ESTÁ YENDO! ¡SE VA! ¡*Allí está la obra maestra!*' "

Emile-Leon. París, 6 de junio de 1920.

BIBLIOTECA DEL ÉXITO

LOS MEJORES CLÁSICOS DE ÉXITO Y NEGOCIOS

VOL. 1. ORISON SWETT MARDEN
PROSPERIDAD COMO ATRAERLA
PIENSA QUE PUEDES LOGRARLO ¡Y PODRÀS!
LA ALEGRÍA DE VIVIR

VOL. 2. ORISON SWETT MARDEN
EL MILAGRO DE PENSAR CORRECTAMENTE
UNA VOLUNTAD DE HIERRO
AMBICIÓN Y ÉXITO
PEQUEÑOS DIAMANTES DE ÉXITO

VOL. 3. WALLACE D. WATTLES
LA CIENCIA DE HACERSE RICO
LA CIENCIA DE SER EXTRAORDINARIO
COMO OBTENER LO QUE QUIERES
UN NUEVO CRISTO

VOL. 4. FLORENCE SCOVELL SHINN
EL JUEGO DE LA VIDA Y COMO JUGARLO
TU PALABRA ES TU VARITA MAGICA
LA PUERTA SECRETA AL ÉXITO

VOL. 5. WILLIAM WALKER ATKINSON
EL SECRETO DEL ÉXITO
LA LEY DE LA ATRACCIÓN EN EL MUNDO DEL PENSAMIENTO
SUGESTIÓN Y AUTOSUGESTIÓN

VOL. 6. WILLIAM WALKER ATKINSON COMO THERON Q. DUMONT
ARTE Y CIENCIA DEL MAGNETISMO PERSONAL
CURSO AVANZADO DE MAGNETISMO PERSONAL
EL PLEXO SOLAR

VOL. 7. JAMES ALLEN
COMO UN HOMBRE PIENSA ASÍ ES SU VIDA.
UNA VIDA DE TRIUNFO
LOS OCHO PILARES DE LA PROSPERIDAD

VOL. 8. RALPH WALDO TRINE
EN SINTONIA CON EL INFINITO,
LAS FACULTADES SUPERIORES
EL CREDO DEL CAMINANTE

VOL. 9
DOCE LEYES DE LOS GRANDES EMPRESARIOS, MAURICIO CHAVES
PIENSA ÉXITO, MAURICIO CHAVES
¡EL ARTE DE HACER DINERO!, P.T. BARNUM

VOL. 10. (Sólo disponible en EE.UU)
PIENSE Y HÁGASE RICO, NAPOLEÓN HILL
EL SISTEMA DE LA LLAVE MAESTRA, CHARLES HAANEL
TU PODER INVISIBLE, GENEVIEVE BERNHEND

VOL. 11
ORACULO MANUAL Y ARTE DE LA PRUDENCIA, BALTASAR GRACIÁN
COMO VIVIR EN 24 HORAS AL DÍA, ARNOLD BENNETT
LOS DÓLARES ME QUIEREN, HENRY HARRISON BROWN

VOL. 12
LA VIDA IMPERSONAL, JOSEPH BENNER
LECCIONES EN LA VERDAD, H. EMILIE CADY
METODOS PARA LOGRAR EL ÉXITO, JULIA SETON

VOL. 13
LA MENTE CREATIVA Y EL ÉXITO. ERNEST HOLMES
TU PODER INTERIOR, THOMAS TROWARD
TUS FUERZAS Y COMO USARLAS, CHRISTIAN D. LARSON

VOL. 14
AUTOBIOGRAFIA DE UN YOGUI, PARAMAHANSA YOGANANDA
AUTOBIOGRAFIA, BENJAMIN FRANKLIN
MEDITACIONES, MARCO AURELIO

VOL. 15
LA CONFIANZA EN UNO MISMO, RALPH WALDO EMERSON
EL PROFETA, KHALIL GIBRAN
ACRES DE DIAMANTES, RUSSELL CROMWELL

VOL. 16. EL METODO COUÉ
AUTOSUGESTIÓN CONSCIENTE PARA EL DOMINIO PROPIO, E. COUE
SUGESTIÓN Y AUTOSUGESTIÓN, CHARLES BAUDOIN
LA PRÁCTICA DE LA AUTOSUGESTIÓN POR EL MÉTODO DE E. COUÉ.

VOL. 17. ORISON SWETT MARDEN
EL PODER DEL PENSAMIENTO
LA VIDA OPTIMISTA
SE BUENO CONTIGO MISMO

VOL. 18. ORISON SWETT MARDEN
SIEMPRE ADELANTE
AYUDATE A TI MISMO
IDEALES DE DICHA

Los libros se encuentran disponibles tanto en sus versiones individuales, o como parte de las colecciones. También cada uno se estará publicando en una versión bilingüe, su original en inglés junto a su traducción. Nuestra colección crece continuamente con los mejores clásicos de superación personal, motivación y negocios.

MAURICIO CHAVES.

Este versátil autor, abogado, master en finanzas y empresario de bienes raíces, no sólo se ha destacado como traductor de docenas de libros de motivación (al punto que se le ha denominado "*el traductor del éxito*"), así como en otros campos (incluyendo quince novelas de Julio Verne), sino como uno de los autores favoritos de nuestros lectores, con sus libros sobre empresas y sobre el éxito, y sus fascinantes novelas de la Saga del Apocalipsis (Caballeros de Nostradamus), que se han convertido en verdaderos best-sellers tanto en inglés como en español, y que ya cuenta con cuatro novelas.

<u>12 Leyes de los Grandes Empresarios.</u> Tener su propia empresa es el más grande sueño de muchos; pero existen reglas básicas para que el sueño no se vuelva pesadilla. El autor comparte veinte años de experiencia al frente de sus empresas, y de forma sencilla nos comparte sus leyes – muchas aprendidas de forma dolorosa-, para crear empresas exitosas que resistan el paso de los años.

<u>Piensa Éxito.</u> Éxito no es sólo acumular grandes fortunas; sino tener grandes sueños ¡y cumplirlos! Este libro extraordinario nos enseña a soñar, pero también, a ponernos metas claras y a elaborar planes concretos, creyendo en nosotros mismos y en la gran capacidad que tenemos (pero que muchos se empeñan en negarse a sí mismos). Ya es considerado por muchos su libro favorito sobre el éxito. Descubre tú también por qué tantos lo están recomendando...

Círculo de Poder (Caballeros de Nostradamus I) es la primera novela de esta fascinante saga que involucra a Leonardo Da Vinci, Nostradamus, Paracelso, Noé, Julio Verne (entre muchos otros), profecías, antiguos misterios, pirámides y el Fin del Mundo tal y como lo conocemos. Luego del asesinato del Embajador de Costa Rica en Roma, su primo y mejor amigo, Ricardo, un hombre que ha perdido su deseo de vivir, es enviado para encontrar respuestas. Lo que encuentra, sin embargo, es una conspiración internacional de proporciones inimaginables, encaminada a cambiar las estructuras del poder mundial...

La Pirámide del Apocalipsis (Caballeros de Nostradamus II). Una novela acerca de la búsqueda de respuestas sobre las profecías y el destino. Años después del 2012, en el cual el inconsciente colectivo estuvo dominado por el temor al apocalipsis y a las profecías mayas, las cosas parecieron volver a la "normalidad". Sin embargo, eventos que iniciaron hace años, están a punto de alcanzar su clímax... El autor nos introduce nuevamente en su mundo de profecías ocultas mezcladas con pasajes bíblicos, para crear una historia verosímil, en la cual las fronteras entre la realidad y la fantasía se entremezclan haciendo que el lector se cuestione sus propias creencias...

La Profecía de Da Vinci (Caballeros de Nostradamus III). En esta tercera novela de la saga, reencontramos a muchos personajes familiares, pero también a nuevos miembros de este creciente grupo que, sin saberlo aún, lucha por asegurar el futuro de esta Tierra. Nostradamus, Saint Germain, Da Vinci, vuelven en esta novela impredecible, que mantendrá al lector atado al libro hasta llegar a su inesperado clímax...

La Visión de Verne (Caballeros de Nostradamus IV). Julio Verne se une al grupo que lucha por preservar el mundo como lo conocemos; con sus novelas proféticas sobre el fin de la humanidad. La trama se profundiza; nuevos misterios son revelados; y el tiempo para detener el Armagedón se agota.

Made in United States
Orlando, FL
28 June 2024